「AI失業」前夜――これから5年、職場で起きること

PHP
Business Shinsho

Takahiro Suzuki
鈴木　貴博

PHPビジネス新書

はじめに

「何がＡＩ失業だよ！」

人工知能の進化によって近い将来人類の仕事が消滅すると説く私に対して、それを受け止めるビジネスパーソンの偽らざる本音はこれである。

人工知能が経済に及ぼす影響についての関心は高い。この研究を社会学・経済学の観点から行っている研究者の数がまだ相対的に少ないことから、私もいろいろな場に呼ばれ人工知能がもたらす経済の未来について語る機会が増えてきた。

話の中身には大いにくいついていただける一方で、人工知能についての議論が終わり、場を移して少人数で雑談を始めると、

「当面の問題はむしろ人手不足だよ」

と現役の経営者たちは私を諭《さと》しはじめる。

「人工知能が仕事を消滅させて人が余るようになれば、われわれも人手不足で困らなくなるのだが、そんな時代は当面来そうにもないからな」

そう誰かが言うと周囲が一斉に爆笑する。
人工知能が世界を変える話はまだずいぶん先のこと。そして現実の経営課題は少子高齢化の日本社会の中で、デフレの圧力をおさえながら、どうやってビジネスを成長させるのか。まったく別のことが経営課題なのだと大半のビジネスパーソンは考えている。

しかし、現代社会のかかえる諸問題は人工知能と切っても切れない状況にある。
・なぜ富の格差が広がっているのか？
・なぜ非正規雇用は増え続けているのか？
・なぜ働き方改革が叫ばれるほど現代の職場は忙しくなっているのか？
・なぜ生産性をいくら上げても収入は増えないのか？
・なぜ新しい階級社会だと言われ、最下層の人数が増えているのか？
これら、今、われわれの目の前にある労働や給与に関わる社会問題・経済問題の背景には人工知能が存在し、その原因を作っている。人工知能を経済の側面から研究すればするほど、そういった深層構造が見えてくる。

人工知能が生み出す仕事消滅は未来の話ではなく、今から30年前にすでに始まっていて、現在進行形で日々その勢いを増しつつある。

そしてもうひとつ重要なことは、少子化・高齢化社会という人口構造がもたらす人手不足の問題は、人工知能がもたらす仕事消滅やAI失業によって解決されるのではなく、ふたつの要因があいまってむしろ社会の混乱を大きくするであろうということだ。

メガバンクでは、これから10年をかけて数万人規模の仕事がなくなっていくと発表している。フィンテックや人工知能による事務作業の自動化によって行員のポジションが少なくなるのである。

ひとつの場所で仕事がなくなれば、雇用は新しい成長市場に向かう。その移行がスムースに起きればいいのだが、銀行員が仕事を失っても、人手不足に悩む介護の現場や物流の現場の雇用増加につながることはない。

ホワイトカラーの仕事、中高年の頭脳労働の仕事が人工知能によって奪われていく一方で、若い労働力を求めたいブルーカラーの仕事はいくら求人しても人が集まらない。仕事が消滅する場所と不足する場所には大きな不均衡があるのだ。

本書は前半の章で、まず現在の労働市場に人工知能が引き起こしている諸問題の構造を解明することにする。なぜ働いても生活がよくならないか。なぜ働き方改革が社会問題として議論されているのか。これらの問題を人工知能を軸に、その問題構造を解明していく。

そして本書の後半では、この後、どのようなことがわれわれの社会に起きるのかを論じていく。

実はこの後半部分の試みは、私の前著『仕事消滅　ＡＩの時代を生き抜くために、いま私たちにできること』（講談社＋α新書）で現在から２０４５年の未来まで、ひと通りカバーしたテーマのリバイズ（改訂）版である。

前著は「人工知能がもたらす人類の未来を経済の切り口で予測する」という観点でひとつの本にその考察結果をまとめたが、そこでひとつの問題が起きた。20年先の未来に起きるであろう劇的な大変化の方に読者の注意が向きすぎてしまったのだ。

そのことと、冒頭の経営者の反応は関係している。ＡＩ失業というのは20年後の社会問題だというふうに多くの読者に受け取られてしまったのだ。

実際はそうではない。ＡＩ失業は今現在も起きている、目の前の社会問題なのである。

そこで本書では時間軸を過去から現在、そして今から5年後、最大でも10年後までの未来に設定することで、人工知能が引き起こす社会の変化の考察にフォーカスすることにした。

繰り返すが、本書の後半の章ではこれから先の未来社会を予測する。その主たる時間軸は5年から10年先の未来である。

5年先などたいした変化が起きないのではないか？

そう思われるかもしれないが、日産・ルノー連合は２０２２年にはレベル５の完全自動運転車を市場投入するという目標をかかげている。これは今から4年後の未来の話である。

5年の時間があれば、おもちゃのようなＩＴ機器も劇的に進化することが知られている。１９９５年にカシオから発売された最初の商用デジカメのヒット商品は、発売当初は写真業界から「あれはおもちゃだ」とののしられたが、5年後、デジカメの画素数は２０0万画素に達し、フィルムメーカーの本格的な衰退をもたらすことになった。

人工知能がディープラーニングを始めたのは２０１２年だが、5年後の２０１７年には囲碁の世界チャンピオンは人工知能に勝てなくなった。

そして今から5年、10年後の未来に起きるであろう出来事は、おそらく読者のあなたにとっても今から現実的に考えていかなければならない問題であるはずだ。

今、2018年は来るべきAI失業の日の前夜である。まだ余裕があるうちに、そしてまだ自分の人生設計を変更できるうちに、このAI失業がもたらす未来を一緒に覗《のぞ》いてみることにしようではないか。

【「AI失業」前夜――これから5年、職場で起きること　目次】

第4章 「法規制で雇用を守る」日本の末路 ――AI失業か、それともAI後進国か

第5章 人工知能が作り出す「便利だけど怖い」未来
――あなたの「選択」はいかに操作されていくか

第6章　人が要らなくなる職場、人が足らないままの職場——職場や人生の目的はどう変わっていくか

第7章　10年後でも生き残れる「3つの人材」——この先、どのような仕事を選ぶべきか

第1章

AI失業を巡る世界
——どのように仕事は消滅していくか

スーパーコンピュータ「京」の意味

われわれの脳の計算処理能力は、コンピュータよりも速いのか、それとも遅いのか？この基本的な問題の答えをみなさんはご存じだろうか？

人間の脳についてはいまだにわかっていないことも多い。「意識はどこで生まれているのか？」とか「思考や記憶のメカニズムはどうなっているのか？」といった脳の根本的な構造については医学的な解明はまだ途上にある。

とはいえ、これまでも医学者はいろいろな形で人間の脳の計算能力を推論してきたという。

人工知能が人類全体の頭脳を凌駕《りょうが》する日をシンギュラリティ（特異点）と名付けたレイ・カーツワイルの著書『ポスト・ヒューマン誕生　コンピュータが人類の知性を超えるとき』（NHK出版）によれば、網膜が目から入ってくる画像情報を処理する速度から見積もると脳全体は処理能力として1秒間に10の14乗の桁の計算能力をもっていると考えられるそうだ。

また、別の研究では小脳の構造を全体に敷衍《ふえん》すると10の15乗の桁の計算が行われているという推定もされている。カーツワイルはこれらの議論はまだ初期段階だからという理由から、人間の脳の性能をさらに保守的に見積もって１秒間に１×10の16乗回の計算能力をもつものだと想定した。

さて、日本が誇るスーパーコンピュータである「京」の話をさせていただく。政府の行政刷新会議の事業仕分けの際に「２位じゃダメなんでしょうか？」と詰め寄られ、１００億円の経費が削減されたスーパーコンピュータである。そのためプロジェクトの先行きが危ぶまれたが、関係者の頑張りにより２０１１年にみごとスーパーコンピュータの処理速度で世界１位の座を獲得した。

「京」は「けい」と読む。これは数の単位で、万、億、兆のもうひとつ上が京である。「京」の名前の由来は１秒間に１京回の計算処理を行うことができるスーパーコンピュータということであり、実際に「京」はこの目標を世界で最初に達成した。

そしておわかりいただけただろうか。１秒間に１京回というのは言い換えると１×10の16乗回を意味している。つまり、スーパーコンピュータ「京」は歴史上初めて人間の脳の処理能力と同等の処理能力を獲得したコンピュータなのである。そしてこの２０１１年以降、世界最速のコンピュータは人間の脳よりも速い計算処理能力を発揮しはじめたのだ。

ディープラーニング（深層学習）の実現

とはいえ、ここまでの話であれば、所詮はハードウェアの進化の話にすぎない。オートバイは100年近く前から人間よりも速く走ることができたし、蒸気機関は19世紀のうちに人間よりも力持ちになった。小麦粉を挽かせるなら人力よりも風車の方がずっと仕事は速い。処理能力の比較だけなら「それが何？」という話だ。

問題はハードウェア性能が人間の脳に追いついた翌年に、もうひとつの技術革新が起きたことである。2012年、グーグルが世界で初めて「自分で学習して猫を認識する人工知能」を開発したのである。

それまでの人工知能はあらかじめ「猫とはどのような特徴をもった存在か」を人間が定義しておかなければ、それが猫か猫ではないかを判断することができなかった。そうではなくグーグルはYouTubeから1000万枚の画像を取り出して「これは猫」「これは猫ではない」という情報だけを与えて、人工知能に猫を独力で見分けさせることに成功した。

これがディープラーニング（深層学習）という新技術であり、人工知能の開発の世界では50年来のブレークスルーと呼ばれる偉業だった。

実は現在の人工知能ブームの基礎となる発明・発見はこのふたつの年、すなわち２０１１年と２０１２年に起き、そこが人工知能が人類を超えるべく発展を始めるターニングポイントになった。つまり２０１１年にハードウェアが、２０１２年にソフトウェアが、人間の脳の能力を手に入れはじめたのだ。

少し話が脱線するが、かつてメキシコに栄えたマヤ文明の暦が２０１２年に終わることから、２０１２年人類終末説が流れたことがある。当時、それらしい多くの本が発売されて話題になり、『２０１２』というタイトルのハリウッド映画も興行的に大きな成功をおさめた。しかし当然のことながら、２０１２年に人類が滅亡するようなことは起きなかった。

マヤ暦の研究者によれば、誰も人類が終わるなどとは言っていないという。ただ２０１２年にはそれまでの大きな時代が終わり、暦が新しい時代に入ることを意味していただけだという。それにしても、マヤに伝わるのと同じく２０１２年を境に、それ以降、人類にとって未知の時代、人工知能が人類を上回る時代が始まったというのは奇妙な符合である。

ＡＩ失業とは何か？

現実に、２０１２年を境に人類の未来の年表は大きく変わりはじめたようだ。この年に、世界の研究者たちが一斉に人工知能の発展がわれわれの社会にもたらす環境変化の予測を始めた。

そして、２０１４年にオックスフォード大学のマイケル・Ａ・オズボーン准教授らが発表した論文は世界に衝撃を与えた。このままいくと20年後までに、人類の仕事の約半分が人工知能ないしは機械に置き換わって消滅する可能性があるというのである。

オズボーン准教授は労働人口に占める割合の高い７０２の仕事について研究をしたうえで、それがどれくらいの確率で人工知能に置き換わるかを算出した。それをイギリスの労働人口に当てはめると消滅する仕事は全体の47％、後に野村総研が共同研究として日本の労働人口に当てはめたところ、日本人の仕事の49％が消滅の危機にあることがわかった。

世界を動かす人々が年1回、スイスの高級リゾートに集う国際会議として知られるダボス会議でもＡＩ失業はもっともホットな議題として取り上げられるようになった。２０１

6年初の会議では具体的なシミュレーション結果が発表された。そのレポートによれば世界の先進国に相当する15の国と地域で、今後5年間で５１０万人が人工知能によって失業すると計算されている。

実はこのシミュレーションは想定される失業の規模もさることながら、もう一段深いところで会議の出席者に衝撃を与えた。正確には今後5年間で失われる仕事は７１０万人分。その一方で人工知能の発展によって新たに生まれる仕事がある。その規模が２００万人分。さきほどの５１０万人という数字はその差なのだが、問題は消えていく仕事の規模の方が大きいということだ。

これまでの資本主義ではイノベーションによる生産性向上はよいことだとされてきた。産業革命が起きて、それまでの毛織物職人が機械に仕事を奪われても、毛織物産業自体の生産性が格段に上がることでイノベーションによる新たな職が生まれる。局所的な失業が起きても、大局的には経済が発展し、新たに生まれたたくさんの仕事に失業者は吸収されると考えられてきた。

このイノベーションについての定説に疑問が呈されるようになったのは20世紀終盤のインターネット出現当時だ。インターネットはあまりに大規模に既存産業のルールを壊していくことから、産業に対する悪影響も大きいと警戒された。

インターネットに対しては200年前に起きた機械打ちこわしと同じようなネオラッダイト運動が必要ではないか、と議論されたのがこの当時だ。

結果としてみればインターネットで一人勝ちのようにアメリカ経済が発展したことから、インターネット革命は新しい雇用を生み出したと評価されている。

しかし一方で、アメリカ社会で富の偏在が生まれたのもインターネットが引き起こしたこととされている。世界で見ればインターネットの勝ち組のアメリカや中国は大きく経済発展したが、日本経済は弱小国へと転落した。実際、インターネット関連のビジネスチャンスは、日本国内でもアマゾン、グーグル、ツイッター、フェイスブック、インスタグラムといったアメリカのサービスに富は吸い上げられている。

アメリカ国内でも、カルフォルニア州や東海岸のニューヨーク、ボストンといった地域が栄えた一方で、ラストベルトと呼ばれる中西部から北東部にかけてのエリアには失業者があふれた。その富の格差に対する不満が後押しして登場したのがドナルド・トランプ大統領である。トランプ支持者の間では、イノベーションによる産業の進化は必ずしも経済全体にとってよいものではないかもしれないという疑義が広く浸透している。

これまでもイノベーションの速度が速く、かつ頻繁になるほど、旧来の理論通りには新しい雇用は生まれない可能性があるとされてきた。人工知能の時代になると、いよいよそれが本格的に問題になる可能性があることを、ダボス会議のレポートは警告していたのだ。

まず専門領域の仕事から消滅していく

人工知能はどのように人類の仕事を奪っていくのだろうか。まず先に、大きなマイルストーンを示すことにする。この章の後半で述べるように、実際はもうひとつ別の制約条件によって、具体的な仕事が消滅するタイミングは個別の仕事ごとにマイルストーンとは前後する。さらに、第４章で詳述するように、仕事の消滅が即、大量のＡＩ失業につながるとは限らない。国が必ず何らかの失業対策を打ってくるからだ。

とはいえ、まず抗いがたい大きな流れとしてこれから何が起きるのかを知っておくことは重要だ。

まず大きなマイルストーンを示すと、これからの10年間で専門家の仕事が消滅していく。これは２０１２年に深層学習を始めた人工知能が、専門型人工知能だからである。

２０１５年にグーグルが開発したアルファ碁が人類最高峰のプロ棋士を破ったニュースを覚えている方は多いと思う。囲碁のような閉じられたルールの中で、囲碁専門に戦略を学習するというのは、現在の人工知能のもっとも得意とするところである。

アルファ碁が何をやったかというと、基本的な囲碁のルールを覚えた後で、プロの棋士たちが対戦した過去の何千枚もの棋譜《きふ》を学習していった。やっていることはより複雑でも、基本の部分は「猫を見分ける学習」と同じだ。棋譜を渡され、どちらが最終的に勝ったかという情報だけを手がかりに、どういう手を打つと囲碁のルールの中で有利になる、ないしは不利になるのかを学習していくのだ。

もちろん人間の棋士も同じように囲碁を学習する。自分の師匠たちが戦った棋譜を仲間同士で研究しあって、そこから新しい戦法や定石《じょうせき》を生み出していく。

ここで人間にとって問題になるのは、その同じ学習に挑んだ場合、人間の棋士よりも人工知能の方が学習ペースが速く、到達地点も高いということだ。

結局、アルファ碁は人間の棋士の頂点よりも高いところに到達したうえで、最後は自分対自分で囲碁の対戦を重ねるようになった。そこで生まれた、これまで人類が考えもしなかったような至高の対戦記録を棋界への贈り物として公開したうえで、２０１７年にアルファ碁は囲碁の世界を引退した。

さて、現在開発中のセルフドライビングカー（自動運転車）に搭載される人工知能も、運転専門の人工知能だ。交通ルールと、車道についての画像情報、そしてそこを行き来する他の自動車、バイク、自転車や歩行者の動きから自動運転を学習する。

今は事故を起こして問題になっている自動運転車の試作車だが、人工知能が道路の走り方を学習しきって完成の域に達すれば、運転という領域においては人間よりもずっと安全運転になる。そもそも交通事故を起こすのは人間が不注意だったり、スピード好きだったりという不完全な存在だからだ。

このように問題は、ある専門領域に限れば、そこでは人工知能は人間よりも賢い存在になるということだ。これがこれからの10年間で、さまざまな分野で具現化する。そしてまず最初に専門家の仕事がなくなっていくのだ。

ナレッジワーカーという高給取りの終焉《しゅうえん》

弁護士、医者、学者といった専門分野の仕事に従事する人をナレッジワーカーという。

ナレッジワーカーは潤沢な専門知識と長い時間をかけて身につけた経験のおかげで、一般の労働者よりも高い収入を手にすることができる。中には日本の国立大学で働く学者のようにナレッジワーカーなのに安い給与に甘んじている人もいることはいるが、世界で見れば一流の学者がアメリカの一流の大学で職を得れば、それはやはり高給取りの仕事を手にすることを意味する。

そのナレッジワーカーの仕事は、今存在する技術の延長線上の技術革新があれば、全部ではないが人工知能でもできるようになる。

たとえば、弁護士の世界ではパラリーガルという弁護士助手の仕事がある。訴訟の準備をする際に、これまでの類似の訴訟の記録を見ながら、過去の判例や訴訟の論点となった事項を洗い出して、どのように今回の訴訟を展開するのが有利なのか公判戦略を立てるための準備をする。

同様に契約書のチェックの仕事がある。日本の場合は契約書は結構あいまいに書かれていることが多い。契約書の最後の方に「もしこの契約について問題が発生した場合は、双方が誠意をもって解決すること」と書かれているぐらいだ。問題は起きた後で考えようという日本の文化に沿った内容である。

だから日本では弁護士に依頼するまでもなく、法務部門の担当社員がざっと確認して修正すべき点を指摘するぐらいの仕事量になる。だが訴訟社会のアメリカではこの作業の重みはかなり違う。

そもそも契約書のページ数も数十ページから案件によっては数百ページに及ぶ。そしてその細部のチェックがかなり重要だったりする。

実際、私の知り合いが著名なバイアウトファンドからの要請でグローバルな大企業に役員として雇われたときにこんなことがあった。

契約書をそのまま読むと一見普通に見える幹部社員に対する雇用契約書で、文言通りに読めば「会社都合で解雇する場合には1年分の給与を保証したうえで、ボーナスとストックオプションを手に退社する」という条件が書かれていた。これはアメリカ企業で役員級の人材と交わす条件としてはよくあるものである。

ところがファンド側が用意した契約書を弁護士がチェックすると、そこには山ほど落とし穴があったという。それで弁護士のアドバイスで大量の細かい修正事項を申し込み、最終的にはファンド側とも合意し、無事、その会社で役員としての仕事を始めることになった。

その1年後、その企業の株式をファンドからCEOが買い取ることになった。マネジメントバイアウトという経営手法である。会社のオーナーがファンドから経営者に変わったため、ファンドから送り込まれていた役員は一斉に退任することになった。

このとき最初の契約書の不備が、退任する役員の処遇に大きな格差を生むことになったそうだ。私の知り合いは契約書を修正したおかげでオーナーが変わっても契約は引き継がれ、総額で5000万円規模の退職パッケージを手に退任することができた。ところが同僚の別の役員はそのままの契約書にサインをしてしまった。契約ではファンドがオーナーになっている期間しか退職パッケージの約束は果たされない。ファンドが株を手放した瞬間にファンドとの間での雇用契約は無効となってしまった。結果として、彼はほぼ支払いゼロで仕事を失うことになった。

私の知人によれば、最初に弁護士を雇った際には、数十万円のお金ももったいないし、契約書の修正のやりとりも面倒だと感じたそうだが、結局そのことで1年後に5000万円もの差が生まれたことで、あらためてアメリカの契約社会の意味を理解したという。

さて通常、これら訴訟準備や契約書チェックの仕事は弁護士事務所の中の若手が対応する。時間もかかるし根気も必要な仕事である。そしてこういった仕事は人工知能はいともも簡単にこなしてしまう仕事である。法務大学院を卒業した若手の弁護士が20代から30代半ばくらいまでの期間に従事するような仕事は、これから先の10年間で消滅していくのだ。

同様に消滅する別のナレッジワーカーの仕事を挙げよう。医者の仕事の中でも開業医や内科医の仕事は比較的人工知能に代替しやすい。特に「何かしら具合が悪いので診てもらいたい」という患者のあしらいは人工知能にとても向いている。

開業医の典型的な仕事をイメージしていただきたい。診療にやってきた患者の顔色や状況を見て、体温や心音を調べ、のどの画像を見る。それで「風邪をこじらせただけですね」とか「花粉症のようですね」と言って薬を処方する。ないしは「ノロウィルスの可能性があります」とか「インフルエンザの検査をしましょう」と言って院内でできる検査を行う。

別の病気の可能性があるときは、血液検査や心電図や超音波の検査も行う。大半の患者についてはそれで診断結果が出て、やはり薬を処方したり、食生活などで気をつけることを指導する。

一方で一部の患者についてはより重篤な病気の可能性があるので、大病院に紹介状を書いてそこで専門医に診てもらう。こういった一連の開業医の仕事は実は人工知能に代替しやすい。患者のケアをする看護師だけ職場にいてくれたら、医学の知識から専門的な判断を下す医者は存在しなくても、同じ役割を人工知能に代えられるのだ。

人工知能の医者の優位な点は、大学を出た後も継続的に、そして人間ではカバーできないくらい広い範囲の論文や症例を学習できることだ。実際、100万人にひとりといった難病にかかった人は、当初はいくつかの病院をまわっても一向にそれが何の病気なのかわからなかったというような体験をされている。人工知能なら、そういったレアな症例も初期診断で可能性として検討することができる。

つまり物理的な手術や施術を必要としない、症状に関する情報と、看護師の補助で得られる血液検査や血圧、心電図などの情報から診断を行い、薬の処方を行う仕事は、専門型人工知能に非常に向いているのだ。

これから先、世界のどこかの人工知能学者が、こういったどこかの専門分野のナレッジワーカーの仕事に興味をもち、それに代わる人工知能の開発を始めるだろう。そして数年かけて学習を重ねていくことで、遅かれ早かれナレッジワーカーの仕事を人間以上のレベルでマスターする人工知能が誕生するようになる。

そうなればあとは世界中のユーザーが完成した人工知能をコピーするか、ネットワーク経由で利用するだけで、専門家を利用する必要がなくなってしまう。マイルストーンとして考えると専門家の仕事は、これからの10年で、その多くが人工知能に奪われて消滅していくのである。

次の20年後までにクリエイティブな仕事も消えていく

本書では主に10年先までの近未来について語っていくため、その先の変化については範囲外と考えている。とはいえ人工知能の進化でわれわれの社会が大きく変わる全体像は把握しておいた方がいい。そのため20年後、30年後に何が起きるのかについても概観しておこう。

10年間で専門領域の仕事が人工知能にとって代わられていく。これが最初のマイルストーンだとすれば、その次のマイルストーンは人工知能の汎用型への発展である。

汎用型人工知能とは、分野を特定の領域に限らずに、人間と同じように幅広い分野の事象を学習していく人工知能のことである。技術的に言えば、何を学習するかについて自分で思考できる自己学習能力を獲得できることが、次の技術開発目標になる。それを乗り越えることができれば、汎用型人工知能時代への扉が開くことになる。

現在の人工知能はまだこのブレークスルーを実現できていない。汎用型人工知能が発明できるかどうかについてもまだどちらとも言えない。悲観的に言えば、汎用型人工知能などいつまでたっても登場してこないかもしれない。

専門家は現在のコンピュータ技術を使っている限りは汎用型の人工知能は完成しないと言う。ニューロコンピュータなど新しい考え方を取り入れないと、その方向への進化は無理だとも言う。専門型人工知能とはまた別次元のブレークスルーが必要なのだ。だから現在の専門型人工知能革命の次のステージがいつ起きるかははっきりとは予測できない。

実際、過去においても人工知能ブームが起きて資本市場からの投資が集中した後に、必ずと言っていいほど「AIの冬の時代」がやってくる。期待していたものが開発できないことがわかって、資本市場の資金が一斉に引き上げていくのだ。

人工知能の開発の歴史を振り返ると、現在は第三次人工知能ブームだと言われている。1950年代から60年代にかけて起きた第一次人工知能ブームは1973年のオイルショックで終わり、やはり6年間の冬の時代が業界に訪れた。

その次が1980年代のエキスパートシステムを中心とした第二次人工知能ブームだっ

たのだが、その後、ちょうど日本のバブル崩壊と同時期に開発者たちはふたたび6年間ほどの人工知能の冬の時代を経験している。

今はディープラーニングをきっかけとした専門型人工知能の大ブームが起きているが、その研究がある程度進んだ段階で、その先にはいけないことがわかればまた人工知能の冬の時代がやってくる可能性は十分にある。

しかし過去の冬の時代はどちらも6年間と短かったことも事実だ。今から20年先までの未来を考えればたとえまた三度目の冬の時代を迎えたとしても、その後に研究者たちが汎用型人工知能という壁を越えていくだろうと想定することは的外れだとは思えない。

汎用型の人工知能は何ができるようになるのか。一番重要なものは「完全なる自動翻訳」である。これまでも自動翻訳のソフトウェアは開発されてきたので、何を今さらと言うかもしれないが、プロの翻訳者が行うような完璧な自動翻訳は、この時期にならないと完成しない。

理由は、人間が話している言語の意味をこの段階で初めて人工知能がきちんと学ぶことができるからだ。

グーグルが猫の画像を見分ける人工知能を開発した話をしたが、今の人工知能は人間が教えない限り、自分が見分けているものが「猫」であることは学習できない。言い換えるとグーグルの人工知能は画像を見ながら「これはアレだ」「これはアレじゃない」という作業だけを学習してきた。その「アレ」のことを人間たちが「猫」と呼んでいることには気づかないし、プログラム上、関心もない。

汎用型に発展してようやく、人工知能は人間が話している言語体系を自ら学べるようになる。今でも人間の言葉を理解する人工知能が存在するが、それはまだ鍵となる言葉からプログラムに沿った正解を検索してくれる装置にすぎない。

だからスマホに搭載された人工知能に向かって「今日の天気は?」と訊《き》いても、「私の天気は何だと思う?」と訊いても返ってくる答えは同じか、ないしは後者の場合は「わからない」が現時点の性能である。

汎用型の人工知能はまるで幼児がそうするように人間の言葉を聞きながら育ち、やがてその意味を完全に理解するようになる。「天気」という言い回しが「機嫌」のことを皮肉っぽく意味する言葉だと理解すれば「私の天気は?」と言うと「そう訊くところを見ると、ひょっとして今日のあなたは怒ってます?」というような返事ができるようになる。

人工知能が人間の言語を完全に理解できるようになるということは、単に外国語の翻訳がリアルタイムで完璧にできるというだけの意味ではない。

実は一番重要なことは、汎用型人工知能は人間と同等のコミュニケーションができるようになるということだ。そうなると人間は声だけを聞いていても話をしている相手が人間なのか人工知能なのかも判別できなくなる。それくらい人工知能のコミュニケーション力は性能が上がる。

そうなると汎用型人工知能が人間の「情に働きかけ、心を動かす」領域を担えるようになる。上司、経営者、リーダー、政治家といった「今のところ人工知能に置き換えることはできない」と言われる仕事も、汎用型人工知能が出現すると人工知能が行う方がより上手にできるようになる。

これから先、10年後から20年後の間のどこかのタイミングで汎用型の人工知能が実現できたとする。そうなるとその後ほどなくして、理論的には人間が頭を使って行うような仕事はすべて人工知能でできるようになる。ただしその段階でも人工知能は意識はもっていない。意識はないけれども人間の頭脳労働は人間以上に完璧にこなす人工知能が出現するのだ。

30年先にあるシンギュラリティというマイルストーン

予測された時期が多少前後することはあっても、長期的には仕事の未来はここまで述べてきたマイルストーンの通りに進展していくだろう。そしてその先のマイルストーンが2045年にやってくる。

フューチャリストのレイ・カーツワイルは2045年には地球上の人類全体の思考能力をコンピュータと人工知能が超えると予測しており、そのことをシンギュラリティ（特異点）と名付けた。これが人工知能の進化の未来についての究極のマイルストーンである。

「そのとき人類にはどのような未来が待っているのか」を考えはじめると興味は尽きないのだが、カーツワイルは、とにかくこれまでの社会や政治、経済の前提がすべて覆《くつがえ》るため、これまでとは不連続な予測不可能な歴史が始まると考えた。その意味で、この事象をカーツワイルはシンギュラリティと命名したのだ。

予測不可能とはいえ、わかりきった予測がひとつある。そのときには頭脳労働の仕事は全部なくなってしまうはずだ。全人類が協力して頭をひねって考えるよりも、1台の人工知能が考える結果の方がはるかに正しくなるからだ。

その時代には残念ながらすべての頭脳労働の仕事は人間がやろうと思うよりも、コンピュータにやらせた方がいい。たとえれば19世紀の鍛冶屋が現代に現れて、製鉄の仕事をちょっとやってみたいと思ったとしても、出来上がる鉄の性能は鉄鋼メーカーがもつ巨大な高炉から生まれる鉄には到底及ばないのと同じだ。

19世紀から20世紀にかけて職人の仕事を機械でやった方がよほどうまく早くできるようになったのと同じで、21世紀中頃には人間の頭脳の仕事は人工知能にまかせた方が常に判断は上をいくようになる。

そして２０４５年と言えばわずか27年後のことだ。今、20代前半の社会人にとっては、自分たちがまだ現役の社会人のうちにホワイトカラーの仕事は消滅することを意味する。今、就職した会社の本社の豪華なオフィスの中で、役員とか部長とかがやっている割のいい仕事に、30年後の彼らがつけるチャンスはなくなるだろう。

とはいえその時期が来てしまっても心配することは何もない。長期的にはみんな仕事がなくなってしまうだろうというだけの話だ。

20世紀最大の経済学者と呼ばれたジョン・メイナード・ケインズは大恐慌時代に「神の

手によって長期的には需要と供給はふたたび一致するようになる」という考え方に対して「長期的にはわれわれはみな、死んでしまう」と反論した。

これは経済学は超長期の話よりも、現在および近未来の話に焦点をあてるべきだというケインズ一流の皮肉である。

それと同じことで、２０４５年のシンギュラリティによる仕事消滅はあくまで「超長期的にはみな失業してしまう」というだけのことである。むしろ問題は、「現在、なぜわれわれの仕事環境は年々悪くなっているのか？」ということであり、「近い将来、真っ先に消えていく仕事は何なのか？」ということである。

その意味から本書はこれらふたつの領域に焦点をあてて論じていきたい。ひとつはこれからの10年間、確実にやってくる専門型人工知能の進化によって世の中がどう変わってしまうのかということ。そしてもうひとつが現在の話、つまり今、人工知能によっていったい何が起きているのかという話である。

本書のタイトルである「ＡＩ失業」前夜の意味だが、ＡＩ失業の前夜とはまさに現在のことである。人工知能の能力が完全に人間を超えて人間が要らなくなるのはまだ30年以上未来の話だが、実は人工知能による仕事の消滅は現在進行形ですでに始まっている。

今、ここで、何が起きているのかを理解していくことで、次章以降を読み進めた読者のみなさんは「残酷な現在」に深く気づくことになる。しかしこの章では、まずは未来予測の話に区切りをつけておきたい。

なぜ弁護士の仕事はまだなくなる気配すらないのか

さて、話の時間軸を現在に戻してみよう。２０１２年を境に深層学習能力を身につけた専門型人工知能が出現した。ここで問題にしたいのは「なぜその後、人知を超えた人工知能がまだ限られた分野でしか出現していないのか？」という事象である。「なぜまだ弁護士の仕事はなくなる気配すらないの？」と質問を言い換えてもいい。「脅威だ、脅威だ」と言っている割には、その脅威が実際には起きていない理由は何なのだろう。

２０１５年にグーグルのアルファ碁が世界最高峰のプロの囲碁棋士を打ち破ったことは人類に衝撃を与えた。しかしそのアルファ碁は２０１７年に引退し、どこかへ消えてしまった。なぜアルファ碁は引退したのだろう？　そして人知を超えた人工知能はいったいどこに潜伏しているのだろう？

ディープラーニングの技術を用いれば、専門領域の仕事を人工知能に置き換えるのは比較的短期間で達成できる目標だと言われている。弁護士、会計士、行政書士といった士業の仕事や内科医の診断のような仕事、多くの銀行業務などは、早い段階で人工知能にとって代わられると考えられてきた。

人工知能の能力をもってすれば、給料の高いナレッジワーカーと呼ばれる専門家の仕事のほとんどは消えると言われている。そのはずなのにまだ、そのような話は現実的には聞かれない。

何かが間違っているのか、それともまだ語られていない何かの事情があるのだろうかと不思議に思われる方もいらっしゃると思う。

実は「何かの事情がある」から、まだ弁護士も医者も仕事として成立している。

何かの事情にはふたつある。そのひとつは学習する人工知能の開発においては、まだいくつか乗り越えなければならない研究テーマが残っているということだ。東京大学の松尾豊特任准教授はこの先のディープラーニングのテーマを次のように具体的に挙げている。

まずこの先、人工知能は自分の行動が引き起こす結果を学べるようになる必要がある。そのためにはＰＤＣＡを学べるようになったり、フレーム問題と呼ばれる人工知能の技術的問題を乗り越える必要がある。具体的な職業で言えば「完璧な金融商品トレーダー」の人工知能はこの問題を乗り越えて初めて出現するわけである。

また、「行動を通じて経験を蓄積する」という課題もある。風邪の診断を下すときには患者は普通に聞いてくれるが、がんの告知だと配慮が必要だ。コレステロールやタバコなどは、いくらその害を説いても患者が行動するとは限らない。そうしたことを実際に経験してみてそこから「この病気の診断のときにはこれに気をつける」といったことまで人工知能が学ばないと、ナレッジワーカーの仕事は人工知能には置き換えられない。

では、人工知能の研究者がどれくらいのペースで研究を進めればそこに到達できるのか。ここに実はふたつ目の現実的なボトルネックが存在している。

日本の人工知能の研究者がこういった研究を進めようとすると、大型コンピュータの処理能力を確保するのが大変なのだ。

アルファ碁レベルの人工知能を開発しようとしたら世界でも最先端の巨大なハードウェアを必要とする。現在「京」は順位を落として世界10位である。しかし言い換えると、世界には「京」のように人間の脳の処理能力を上回るハードウェアがまだ10台しかないということだ。

1位と2位は中国、アメリカに4台、日本に3台、スイスが1台。これが「人間の脳を超えるスピードで計算処理できるコンピュータ」の総台数である。

本当のことを言うとスーパーコンピュータは設計思想的に人工知能には向いていない。とはいえアルファ碁やIBMの誇る人工知能のワトソンクラスの頭脳を作り上げるには、やはり大型で高性能の人工知能向けハードウェアを必要とする。

そしてアルファ碁が囲碁の対戦から引退した理由は「世界にはもっと研究しなければいけない他のテーマがたくさんあるから」なのだ。2018年現在の世界では、たぶん、世界最高峰の能力をもった人工知能向けのコンピュータの台数よりも、人工知能の開発競争を目指す科学者の人数の方が多い。

研究テーマもさまざまで、自分の研究テーマを先に進めるためには巨大なコンピュータの利用時間のすき間を確保するか、ないしはそれよりも性能の低い汎用型の高性能コンピュータでできる範囲内の研究をするかのどちらかである。年間予算数億円の研究者はそのような制約の下で研究を進めている。

AI失業が「金融」と「運輸」から始まる理由

例外はグーグルとアマゾン、マイクロソフト、IBMといったアメリカ企業と中国だ。年間1兆円規模の研究開発費を投下して人工知能の研究を進められるのは世界では彼らだけである。そこでは世界最高水準の人工知能研究者らが集められ、ふんだんな研究開発予算を元に、巨大コンピュータを自由に使いながら自分の研究を進められる。研究者にとってはうらやましい環境の下で、人工知能の開発が進められているのだ。

だから当面、人類をあっと言わせるような新しい人工知能はここから発表される可能性が高い。一方、その他の科学者による人工知能研究はしばらくの間、ゆっくり進むだろう。

さて、あなたがもしグーグルの経営者だったとしたら、数が限られたコンピュータパワーと年間1兆円の予算をどこにつぎ込むだろうか？　日本の弁護士の仕事を学ばせた人工知能を開発する？　そんなことをしても経済的には意味がない。日本の法律と法制度を学ぶのは苦労が大きい割にはマーケットが小さすぎる。同じ視点で言えば、日本の行政書士や公共施設保守点検技士といった資格など問題外である。

コンピュータパワーの制約がある以上、世界の資本はもっと見返りが大きい市場に今、集中している。それがセルフドライビングカー（自動運転車）市場と、フィンテックだ。

自動車がすべてを人工知能で完全に運転できるようになれば、世界の運輸市場と物流市場に革命が起きる。世界中の自動車メーカーがレベル5と呼ばれる完全自動運転車の完成に向けて研究開発投資を続けており、2022年には最初のレベル5の車が市販されると言われている。そのターゲットに向けて、世界中の投資がこの市場に集まってきている。

そしてもうひとつ、1兆円をはるかに超える投資が行われているのがフィンテックの分野である。金融商品の運用、売買、銀行融資、生命保険サービスなど、金融の市場はばかでかいうえに、そこで生まれる利益は莫大なものがある。

人工知能によって他社に先んじて金融ビジネスに革命を起こせば、そこに巨額な富が生まれることになる。株の取引などは今ではどの証券会社も人工知能が自己売買部門の主戦力となっている。そしてカモにされてお金を失うのは人間のトレーダーである。

コンピュータパワーの絶対量が限られている間は、儲かるところに研究開発資金を集中させた方がいい。だから今現在のところは専門型人工知能の開発は自動運転車とフィンテックというふたつの限られた領域に集中している。

そのため仕事消滅の脅威もこの領域だけで話題になっている。２０２２年に自動運転車が誕生すると、わが国の長距離ドライバーやタクシードライバーが一斉に失業する。その規模は１２３万人に及ぶ。

同時にメガバンク3行はこれから先の10年間で数万人規模のリストラが発生すると長期計画を発表している。銀行員の仕事を人工知能に置き換えることで、大量の仕事がなくなることが、すでに経営計画に織り込まれている。

それぞれのニュースに関して言えば、一般の経済事情通なら知らないニュースではない。問題はこのふたつのニュースには「人工知能の進化に伴うＡＩ失業」という同じ根が存在するということである。そして、まずは運輸・物流分野と金融分野で仕事の消滅が始まり、次はまだ手がつけられていない、より小さい専門分野にまでいずれＡＩ失業の手が及ぶようになっていくのだ。

スーパーコンピュータが10万円で手に入る日

それでは日本において、弁護士、行政書士といった、グローバル市場から見て「より小さい市場」でのナレッジワーカーの仕事が失われるようになるのはいつ頃だろう。それよりも小さなさまざまなニッチの専門の仕事がＡＩに代替されるのはいつになるのだろう。

世界ではマーケットの大きい順に専門型人工知能にナレッジワーカーの仕事を学習させる研究が進んでいる。弁護士の場合、訴訟社会アメリカでまず弁護士の仕事をＡＩに学ばせる研究が始まっている。

医者の人工知能の研究が始まっているのは中国だ。仕掛けているのは大手生命保険会社で、投資規模は累計で1兆円を超えたという。狙いは全体の治療費を減らし保険金の支払いを節約することにある。13億の人口をかかえる国だから、世界に先駆けてこのような研究を行ってもペイすると考えられるのだ。

ところが、他の大半の専門分野はまだ本格的には手をつけられていない今、この瞬間だけを切り取って言えば、巨大なコンピュータパワーが絶対的に不足している一方で、世界中に意欲的な人工知能の研究者はたっぷりといる。研究者の時間が余っていると言ってもいい。それらの余力は「弱いＡＩ」の開発に振り向けられている。

ここで新しい概念が出てきたが、人工知能の世界には専門型、汎用型という切り口とは別に、強いＡＩ、弱いＡＩという概念がある。アルファ碁のように世界最大級のコンピュータパワーを用いて機械学習を行うことで誕生するのが強いＡＩだ。

一方でパソコンを使って研究開発できる、より小さいコンピュータパワーで開発できるＡＩもある。ごはんをおいしく炊く電気炊飯ジャーに搭載するＡＩや、ペットロボットに搭載するＡＩはそれほど大きなコンピュータパワーを必要とはしない。それらのＡＩを弱いＡＩと呼ぶ。

今、家電メーカー各社や国内流通各社が、人工知能時代が到来したということで急速に研究者を雇い入れ、力を入れているのは、ひと言でまとめてしまえば弱いＡＩの領域になる。なにしろ年間1兆円を投下するグーグルやアマゾンと同じ研究開発をやっても勝つことはできない。だから日本企業は数十億円の研究開発費で実現できる、弱いＡＩでの差異化に資金を投下しているのである。

人工知能の研究者の実務が弱いＡＩ開発に向いている間は、日本のナレッジワーカーのような小さい市場で働く人の仕事は安泰である。その均衡が崩れるのは、全世界の人工知能研究者が人間の脳レベルの計算力をもったコンピュータを数十万円の予算で購入できるようになったときだ。そのときが訪れると人工知能の研究が一気に進むようになる。

その日がいつ来るかは、過去、どのようなペースでコンピュータの処理能力が向上してきたかを振り返ると、ある程度の時期が予想できる。

現在、一番普及していて、10万円以内で手に入る一番高性能な部類に入るコンピュータがゲーム機のＰＳ４（PlayStation4）である。ＰＳ４のＧＰＵの計算速度は１秒間に１・８×10の13乗と人間の脳よりは遅いが、それでもかなりの高速処理の計算機だ。

そしてＰＳ４の発売は２０１３年だが、この性能は１９９８年頃の世界最高速のスーパーコンピュータの計算性能とほぼ同等である。

その間の年月は約15年間。つまり15年たつと世界最速のスパコンと同じ能力のコンピュータが家電量販店で買える日が来ると考えられる。そう類推すればスーパーコンピュータ「京」が登場した２０１１年から数えて15年後の２０２６年頃には、世界の人工知能研究者ひとりに対して１台の「人間の脳と同じ能力をもったハードウェア」が普及する状況になっている可能性がある。

そしてそこから、日本中の人工知能研究者が一斉に専門家の仕事を人工知能に置き換える研究をスタートすることになる。弁護士や行政書士のような仕事から始まって、公共工事品質確保技術者や土地家屋調査士のようなよりマイナーな仕事まで「世界の市場から見て小さいから奪われずに生き残ってこられた専門の仕事」は、２０３０年頃にはすべて消滅していくと考えられるのだ。

今あなたに何が起きているのか

さて、ふたたび本書のカバーする関心事について確認しよう。

これから先の30年間で人工知能の発展により人類の仕事は段階的に失われていく。その中で、本書が中心に論じたいのは現在と、10年後までの未来である。

そして中心命題は「あなたにどのような影響があるのか？」ということだ。

本書では、前提として人工知能の発展は当面のところ止まらないと想定する。実際に、まずおそらくそうなるからだ。

もしかしてアメリカと中国が全面戦争を始めて世界が荒廃することで、産業の発展どころではない未来がやってくる可能性もないとは言えないが、そこまで愚かな事態が起きない限りは、資本主義経済の中で人工知能への巨額の投資は続き、人工知能の能力はさまざまな分野で人類を凌駕していくだろう。

そうなれば遅かれ早かれ、人類の仕事の量は今の半分以下になる。今、労働市場で比較的高い収入が得られる仕事、言い換えると専門性の高い頭脳労働の仕事は消滅する。労働市場ではホワイトカラーとブルーカラーの収入が逆転する。涼しいオフィスに1日中座って事務処理をするような仕事も世界からは消えていく。

さまざまな産業でリストラが行われる。最初は銀行などの金融業や運輸・物流関連の業界から始まるが、やがてほとんどの業種にその動きは広がるはずだ。仕事自体が大規模に消滅するので、人々は残された少ない仕事を奪い合うようになる。競争が激しくなることは、仕事の対価も大きく減ることを意味している。

そのような状況下で、どうすれば生き残ることができるのだろうか。

そして今現在はどうなのだろう。あなたの職場では何が起きているのか。仕事だけ年々きつく厳しくなってきている反面、給料は一切上がらないといった現象が起きているのではないか。もしそうだとすれば、なぜそのようなことが起きているのだろう。

働き方改革というキーワードが世間をにぎわしているのは、裏を返すと労働環境が年々悪くなってきていることを意味している。その原因がどこにあるのかを理解しない限り、たとえ法律が改正されても労働者は翻弄《ほんろう》されるだけである。

仕事の未来、そして仕事の現在に何が起きているのか、一緒に見ていこうではないか。

第2章

パワードスーツ効果の恐怖

――なぜ年々、仕事が忙しくなっているのか

1か月16本の連載を副業でこなす日々

われわれの仕事はなぜ年々、忙しく厳しくなってきているのか？ そしてわれわれの給料はなぜ上がらなくなってしまったのか？ 世の中ではＡＩ失業とは真逆に、人手不足によるブラック労働化が問題になっている。

働き方改革が叫ばれている中、長時間労働とワーキングプアの増加は現代社会の病巣とも呼べる大問題だ。そして実はこの社会問題にも人工知能とスマホが関係している。

この現象を説明する言葉が「パワードスーツ効果」である。パワードスーツとはＳＦの世界でヒーローたちが着る強化服のことで、それを身につけることで常人を超えた力を発揮することができるようになるアイテムだ。

ＩＴの発展によって、現代のビジネスパーソンは誰もがあたかもパワードスーツを身につけたかのように働くことができるようになってきている。私自身の例でそのことを説明してみよう。

私は55歳の経営戦略コンサルタントであり、経済評論家だが、今、私の若い頃とは比較にならないほど高い生産性で働いている。たとえば経済評論家としての記事の連載では、3000字程度の原稿を月16本書いている。これは以前の常識では専業作家の執筆ペースである。

ところが私は経済評論家としてのパワードスーツを身につけているので、経営戦略コンサルタントの忙しい仕事の合間に、副業としてすらすらと経済記事を仕上げてしまう。そのパワードスーツとは私のスマホである。

さまざまな編集部から「東芝問題の見通しについて書いてください」「神戸製鋼の品質不正問題はなぜ起きたんですか」「ユニクロの今期の業績はどうなりますか」「今、勢いのあるベンチャー企業を紹介してください」といった執筆依頼がつぎつぎ来る。それぞれのテーマについて概要は知っていても細部を知らなければ記事は書けない。

だから2005年ぐらいの時期であれば、事前調査をして取材をしてという手間を考えると、月5本の専門記事を書いたらそれで手一杯だった。ところが今はスマホがある。

つい最近も仕事先で携帯に電話が入って「abemaTVのビジネスモデルについて解説してほしいんですけど」と依頼された。その依頼を受け、電車での移動中にスマホで関連記事にざっと目を通す。abemaTVについてはそこそこ詳しく知ってはいたが、さらにグーグルで検索してさまざまな記事を30分も読めば、ここ最近起きていることも含めて記事を書くために必要で十分な知識が頭に入る。

つまりスマホでいくつかの記事を読んだ段階ですでに、私の頭の中で、みんながよく知っている従来型のメディアのビジネスモデルと新しく登場したメディアであるabemaTVとを対比した記事を書きあげるプロットが瞬時に組みあがるというわけだ。

そのまま電車の中で質問を業界関係者数人にメールかLINEしておくと、夜には返事が戻ってくる。取材はそれで完了だ。

記事を書くという仕事は情報を集め、それをどう組みあげるかを構想するまでが大変で、書きあげる時間はパソコンに向かって1時間もあれば十分だ。スマホというパワードスーツを得た私は、この前段階の作業を移動中のJRの車内のすき間時間でほぼ終えてしまっている。

仕事の生産性が倍になっても、収入は変わらない

さて月16本、2日に1本のペースで執筆をこなせるようになったからさぞかし収入が増

えただろうと思われるかもしれないが、実はそうではない。原稿料がメディア各社で大幅に下がっているのだ。

今から10年ちょっと前、2005年頃に副業として月5本のコラムをこなしていた当時は、3000字のネットコラムの原稿料が1本4万円だった。1か月の原稿料は20万円である。そのさらに10年前の1995年頃、当時はウェブがなく寄稿は雑誌ばかりだったが、3ページくらいの記事を寄稿するとたったひとつの記事で10万円の原稿料がもらえたものだ。

さすがに16本も記事を書くと月5本の頃よりは若干ではあるが売上は多いが、それでも1か月の原稿料の合計はほとんど増えていない。もし月10本なら収入は以前よりもがくんと減るはずだ。

しかも、「かっぱ寿司の食べ放題について書いてください」「格安スマホを普通の携帯と比較してください」など、取材のために実際に出かけてみたり、格安SIMを購入してみたりする分の経費を考慮すると、本数が増えた分持ち出しが多くなる。だから忙しく執筆している割には、以前より儲かっている感じはまったくしない。

働く量は10年前の倍以上に増えているのに、収入はほとんど増えていないのだ。

私の例で話をしたが、みなさんの仕事でも同じことが起きているのではないか？　私の周囲に聞いてみると、自分の職場でもこれと同じことが起きているという人たちが山ほどいる。

なぜこんなことが起きるのか？　理由はパワードスーツを身につけて仕事をしているのは私やあなただけでなく、周囲の全員がそうだからだ。

経済評論家としての記事を書く私の場合、起きていることはこのようなことだ。

今、メディアの世界では記事の数がかつてないほど増加している。経済記事のライターの人数も増えている。その一方で、ひとつの記事の寿命は短い。ネット上のメディアにアップされた記事が読まれる時間はアップ直後に集中して、その寿命は10数時間程度にまで短くなっている。

以前、ＤｅＮＡなどのＩＴ企業がキュレーションメディアという新しいメディアを立ち上げて社会問題になった。いわゆる「ＷＥＬＱ《ウェルク》問題」だ。この問題を覚えていらっしゃる方は彼らがやっていたビジネスモデルを思い出してほしい。これらキュレーションメディアでは、ネット上の記事を集めて「まとめ記事」というものを書かせてページビュー（ＰＶ＝そのページを見に来る人の数）をたくさんかせいで儲けている。

質はともかくそれをやられると、専門家でないライターでもいかにも専門的に見える記事を書けてしまう。そのようなライターにＤｅＮＡから当時支払われていた原稿料は３０００円。専門家から見れば質は劣悪でも、そのコストで仕事を請け負ってくれる人が出現してしまうと、本物が書く記事の原稿料の相場も下がっていく。

結果としていつの間にか、われわれ専門家は３０００円の記事と比較して「どれだけＰＶ数を集められるか？」で原稿料の水準が設定される時代になってしまった。だから経済評論家としての私の仕事は年々、忙しく厳しくなっており、そしていくら生産性が上がっても私の収入はほとんど上がらない。

パワードスーツ会議の緊張感

そして読者のみなさんはすでに、この現象が私だけに起きている現象ではないことにお気づきだろう。あなたが何の仕事をしているか私は知らないが、あなたの仕事にも確実にこのパワードスーツ効果の影響が及んでいるはずだ。

これから話すようなことは、大企業に勤務する人なら多かれ少なかれ体験することではないだろうか。架空の例だが、たとえばあなたが大企業に勤務する社員だとしてみよう。そして給料水準はそれほど上がらないままで、チームリーダーとかユニットリーダーみたいな管理職の肩書がついたと仮定する。

そうなると何か難しい経営レベルの会議に出ることになるだろう。そこでの議題が「EUの各事業におけるパリ協定への対応方針」だったり、「新技術をベースにした新しい蓄電池への移行について」だったり、簡単に言えば「細部についてはさっぱりわからない会議」だったりする。

以前であれば1時間の会議のうちの40分は、それについて詳しい起案者からの説明時間で、残り20分が出席した役員、部課長からの質問。それで会議の終わりに「この問題を持ち帰り、次回、どのように議論をするか事務局から連絡がある」旨を周知し、話がまとまって会議は終わりだった。

しかし今は違う。あなたがこのちんぷんかんぷんの会議に出席したとして、やることはまず机の下で高速に指を動かして、わからない単語をググることだ。

「パリ協定」とは気候変動、すなわち温室効果ガスの排出を巡って2015年に採択された世界的な枠組みである。あなたはそのことを、今、この場で初めて知ったとする。

経済記事をいくつか読めば、アメリカはこの協定から離脱を表明したが、世界の主要国はパリ協定について真剣に対応を考えていることがわかる。ＥＵは温室効果ガスの排出について厳しいし、中国ですら首都・北京でマスクなしには外出できない現状を憂えてパリ協定の削減目標を守るために石炭火力発電所の大規模な閉鎖を進めているといったことも２～３分あれば情報面でキャッチアップできるだろう。

世界では脱二酸化炭素に向けて、数十兆円レベルでの投資マネーが動きはじめている。それを今初めて知ったことで、あなたも「わが社には世界各地に工場がある。ヨーロッパの工場をかかえる担当部署が、事業を存続させるためには商品の原材料や製法に立ち戻ってパリ協定を守ることができるよう見直しをしなければ、ＥＵ市場からわが社が締め出されるということをこの会議で議論しているのだ」ということをスマホをいじりはじめて５分後には完璧に理解することだろう。

会議の途中で役員が「とはいってもうちの事業部の場合、具体的にはどのようなレベルでの対応を行うべきだと言っているのか、みんなの理解はどうかな？　国内販売部なんか関係ないと思っているんじゃないか？」と発言するとする。ここで会議室のみんながあなたの顔を覗き込む。気づくと、この会議に国内販売部から出席しているのはあなたひとり。

10年前なら「すみません。今日までそんなことは考えていませんでした。しかしこれから勉強していかないとだめだということを今日理解しました」と答えるのが典型的なダメ課長だったはずだ。

しかし今、あなたにはスマホというパワードスーツがある。実際、この瞬間に備えて会議室の机の下で、あなたのスマホは高速で動いてきた。だからあなたの口からは、会議室に入る前には思いもよらぬ発言が出てくることだろう。

あなたは自信たっぷりにこんなことを言うだろう。「たとえばうちが中国から輸入して国内で販売している製品の梱包に使われている発泡スチロールは、EUの基準では論外ということになります。ですから海外の下請けも含め製品の梱包材にはCO_2を増やさないカーボンニュートラルな材料の使用を徹底していく必要があるということでしょう」ぐらいの回答を瞬時に準備して、やり手のチームリーダーであることをドヤ顔でアピールする必要がある。

でもなぜ、ここまでデキる社員を演じなければいけないのか？　それはあなただけではなく、この会議に出席した他部門の社員全員が、会議中、必死に机の下でスマホを操作しているからだ。社員全員がパワードスーツを身につけて、ガチの高レベルでビジネスシーンでの戦いを繰り広げているのである。

かつて不毛だった会議は、高生産性へと変貌している

私のクライアントで、大企業の中でも一番会議の生産性が上がっているある会社では、あらかじめ会議の招集の際に「新しい蓄電池の導入を今行うか、1年間見送るかを議論します」とアジェンダが書かれたうえで「以下の資料に目を通してください」と添付ファイルが3つぐらいついてくる。

しかも会議に招集されるのは、そのアジェンダに対して責任がある部課長だけ。そして面白いことに、その添付ファイルを十数分眺めて、よくわからない専門的なことはググって追加で情報を検索すれば、それまでまったく知らなかったようなアジェンダでも経営判断ができたり、質問しなければいけないことがわかったり、事務局側のペーパーの怪しい部分が判明したりするのである。

だから会議は最初の5分から白熱する。ここまで生産性の高い会議は、私は20年前の大

企業ではどこに顔を出しても一度も見たことはなかった。

これぐらいのレベルで生産性の高い働き方をしている職場は、まだ日本のホワイトカラーの仕事の現場ではそれほど多くはないだろう。しかし、企業の現場での働き方は多かれ少なかれ、年々生産性が高くなる方向に動いている。日々、仕事が忙しくなるように職場が変貌しているのだ。

その一方で、仕事には年々、便利なツールが導入される。それは社内の新システムだったり、ないしは社内の仕事で共通で使われるようになる便利なツールだったりする。

たとえば何人かが一緒になって動く仕事では、メールを使ったやりとりだとスピードが遅いということがある。そこで誰かがＬＩＮＥを仕事のツールに導入しようと提案したりする。

メールだと本題の前後に、それなりに文章を考えた導入部や感謝の言葉を入れたりしなければいけないが、ＬＩＮＥはそのような作法がないことから仕事の生産性という意味ではスピードは速くなるわけだ。

そのように仕事のプロセスのさまざまな部分でカイゼンが行われることで、今、職場では従業員がかつてないほどの生産性で働く時代になってきている。

そしてこれだけ生産性高く仕事をしていて、20年前の管理職よりもはるかに会社に貢献している30代、40代の幹部社員たちの年収は、その圧倒的な生産性にもかかわらず20年前の窓際族と呼ばれた「働いていない年配の正社員たち」よりもずっと低い。みんながパワードスーツを身につけて働くようになったことで、勤務評価の基準も年々上がってきているからだ。

「システム化で仕事が楽になる」のは一時的

この現象はブルーカラーの職場でも同様である。たとえばコンビニでは売り場の発注業務をバイトにまかせてもまったくミスが起きなくなった。いや、たまにファミリーマートでシュークリームを大量発注するようなミスが起きてツイッターで「助けて」の声があるようなこともないとは言えないが、その程度のこと。日本中のコンビニで毎日バイトが発注を繰り返していても、ほとんどミスは起きない。これは昔の小売業の現場常識では信じられないくらい画期的な変化である。

小売業にとっては何をどれだけ発注するかは、業績を左右するとても重要な仕事だ。売れる商品がスーパーの棚に並んでいなければ機会ロスが発生する。これはスーパーが一番恐れることである。

その一方で売れない商品を大量に仕入れてしまえば廃棄ロスが発生する。コンビニではなくスーパーならば廃棄ロスを発生させないように売り場でパッケージに「20％引」や「半額」シールを貼って売りさばくことはできる。しかし商品はさばけるかもしれないが、代わりに収益ロスが発生する。

「そうならないためには発注業務はベテランの販売員が行う必要がある」というのが、古い流通業の常識であった。今、何が売れているのか。そして天候が違うとどれほど売れ行きが変わるのか。そういったことを一番よく知っている現場のベテラン社員に、スーパーの収益の鍵である発注業務はゆだねるべきものだったのだ。

ところが人工知能が発達したことで、そういったエキスパートの能力を必要とする業務は、システムがアシストしてくれるようになった。コンビニの現場で商品をどれだけ発注すればよいのかについては、本部のバイヤーの意向と、現場の売れ行き情報をベースに、人工知能が発注すべき数を示唆《しさ》してくれる。バイトはそれを追認するか、そこに自分の意欲をプラスアルファして数を上乗せして、それで発注数を決めればいい。

各コンビニでの発注数の自由度も人工知能が補正してくれる。レジで「今日から、からあげくん増量中です。いかがですか？」と声をはりあげるアイテムを決めて、つまりそのお店でその日力を入れて売りたい商品を決めた場合に、どれだけ発注量を増量すればいいかは人工知能がアシストしてくれる。発注支援システムというパワードスーツがあるから、コンビニの現場の普通のアルバイトは発注という重要業務をまかされるようになったのだ。

運輸の現場でもパワードスーツは活躍している。完全自動運転はまだ実現していないが、自動ブレーキや車線の維持、一定速度での運転などのドライブアシスト機能は高級車を中心に普及しはじめている。これから先、発売される自動車ではこういった高度なドライブアシストは標準機能になるはずだ。

このようなドライブアシスト機能のおかげで、営業車のドライバーや個人タクシーのドライバーなど日常的に仕事で自動車を使う仕事はずいぶん楽になっていく。今、すでにドライブアシスト機能付きの車で仕事をしている人は、高速道路での運転で疲れがたまらなくなったり、営業車の駐車が苦手な人も簡単に駐車できるようになったりと、運転の負荷はずいぶん減ってきているはずだ。

こういった形で人工知能が職場に導入されることで「働きやすくなった」とか「仕事が楽になった」と思っていると、実はそれは一過性の現象であったことに後々気づかされることになるだろう。パワードスーツ効果ははじめに以前よりも楽な状態となり、その後になってから真の恐怖がやってくるのだ。

パワードスーツ効果で楽に仕事ができるようになった職場では、やがてトータルでは人の数が減らされたり、同じ仕事なのに賃金が切り下がったりしていく。

「便利になったな」

という気持ちが起きるのは、かつてないほどの生産性で働く職場になって最初に気づく初期症状なのである。

スマートフォンの次に来るもの

これから先しばらくの間、われわれの仕事の生産性を高めてくれる一番有能なパワードスーツはスマートフォンのままだろう。しかしその使われ方は、これから先の5年間で次の段階に入るはずだ。

今、ほとんどのビジネスパーソンはスマートフォンをパワードスーツとして用いる際に、インターフェースとしては手入力とディスプレイに映される文字を利用している。これが数年内に音声入力と音声出力に完全に変わるはずだ。

今でもスマートフォンの音声認識はかなり実用的な水準になってきている。だからＬＩＮＥなどの入力の際に、スマートフォンのマイクに向かってゆっくりと言葉を発して下書きを入力する人も多くなってきている。

この音声認識の性能は数年でもっと高い水準にまで向上するだろう。そうなると入力スピードは音声入力の方がフリック式のキーボードよりも速くなる。

一方で読み上げの性能もこれから徐々に改善されていくはずだ。イントネーションも自然な言葉の雰囲気に近くなるし、声のトーンや速度も自動で調整できる。

そうなると歩きスマホでメールの文字を目で追いながら歩行するよりも、音声で読み上げさせた方が便利になる。「お世話になります。昨日お願いした見積もりの件ですが、前提条件が少し変わったので、これから申し上げるような変更を反映させていただけないでしょうか」といったような仕事のメールは、それらしい取引先の声色で読み上げてくれるようになる。あなたはブルートゥース接続させたイヤホンマイク経由で、返信する文章を音声入力する。スマホの画面を見なくても、さくさくと作業は進む。

また、友人からのメールで、

「ごめん。今日の夜の待ち合わせ時間だけど、21時に変更してくれない？」

みたいな内容は、人工知能がそれを察知したうえで友達が話しかけるような雰囲気で読んでくれるだろう。スマートフォンの人工知能が賢くなれば、携帯電話で通話している音声を分析して、友人ひとりひとりの声色やイントネーション、口癖をサンプリングしたうえで、読み上げ音声をカスタマイズしてくれるところまで、10年以内に変わるかもしれない。

そうなるとLINEの複数人でのやりとりは、あたかもその場にみんながいてリアルに会話しているかのようにしゃべってくれるようになるかもしれない。スマートフォンは画面で読むよりも、人工音声に話させてそれを耳で聞いた方がはるかに使い勝手がよくなる。

やがて街中での歩きスマホは昔の出来事と言われるようになるだろう。みんな、歩くときは前を向きながら速足で歩く。しかし耳にはイヤホンマイクをつけている状況になる。そして街中で見かける人は、みなそれぞれ勝手に、目の前にいない人に向かって大声で勝手に話をしている。それぞれの人間がどこか別の場所にいる知人と話をしていて、目の前にいる現実の人たちには目がいかないような、不思議な世界が訪れることだろう。

同じ文脈で、スマートフォンの次に来ると言われている情報家電がある。スマートスピーカーだ。

これはアマゾン・ドット・コムが販売する「エコー（Echo）」やグーグルが販売する「ホーム」といったブランド名の商品で、現状では今日の天気予報を調べたり、家の中の家電のスイッチを入れたり消したりといった仕事をスピーカーに話しかけることで行うことができる。

スマート（賢い）という形容詞がついてはいるが、正直言って、今の段階のスマートスピーカーの性能はたいして賢くはない。

ところがこういった商品が、今後、急速に賢く便利になっていくことが予想される。これまで述べたように音声認識能力と言葉をしゃべる能力は、わずか数年で急速に向上していくことだろう。

さらにアップルやグーグルのスマートフォンと同じで、スマートスピーカーはこれからさまざまな企業がさまざまなアプリを作成していくことになる。

デイトレーダーをしている人には、急に株価が動き出した銘柄の名前を教えてくれるようになる。

また料理をしている人にはレシピを音声で読み上げてくれるだろう。それも料理本に書かれている手順とは別に、時系列で今のうちにやっておいた方がいい作業を合成音声で教えてくれる。「先に料理に使う調味料が自宅にあるかどうかチェックしましょう」とか「この合い間に野菜を切ってしまいましょう」といった調子で、料理の時間の無駄もなくなるはずだ。

こうして外に出たらスマートフォン、家の中ではスマートスピーカーというような形で、われわれの日常生活は人工知能の便利なアシスト抜きには成立しない世界に変わっていくのである。

すでに登場している「人工知能秘書」

さて話を日常生活からふたたび、近未来の職場に戻していく。まだＡＩ失業が本格的に始まるまでの間、今しばらくは人工知能は人間から仕事を奪う存在ではなく、人間の仕事を便利にしてくれる協力的な存在として、つまり人間の友人として認知されていくだろう。

性能のいい人工知能が搭載された、しゃべるスマホがあなたにとっての一番の仕事のパートナーになる。人工知能は1日のスケジュール表やToDoリストを先回りしながら分析して、「今のうちに○○と××の取引先に連絡を入れておいた方がいいですよ」とか、「山手線が止まっているので、オフィスを10分早く出て、迂回ルートで移動することになります」のように、あなたが訊《たず》ねる前に、仕事がスムースに進むような手順を案内してくれるようになるだろう。

英語圏ではすでに「人工知能秘書」が商品化されている。実際、外資系で働く知人が数年前からこの人工知能秘書を使っている。彼が使いはじめた当初、つまり今から2～3年前の人工知能秘書はなかなかに頭が固い存在だった。

たとえばスケジューリングを人工知能秘書にまかせるとする。例として来週の後半あたりで取引先とランチをセットしてほしいというようなタスクをまかせる場合、基本的にかなり細かく指示を出してあげないと仕事を進めてくれない。優先順位はどれくらいなのかとか、お昼といっても時間帯は何時から何時なのかとか、場所をどこにするのかとか、デジタルにすべてを設定しておかないと作動してくれないのだ。

人間の方が基本的にアバウトな指示で動いてくれるので、このような低レベルの人工知能秘書を使うとなるとかなり面倒だ。人間の秘書なら、とりあえず先に相手のスケジュールだけおさえておいて、後からボスと詳細な設定を確認して動けばいいといったことがわかっている。そうではなく先にすべての情報を与えておかなければ動かない人工知能秘書など、足手まといな存在でしかない。言い換えると、これはおもちゃである。

とはいえ私の知人の場合、こういった人工知能商品を世の中に導入する仕事をしているので、製品がかなり初歩的な段階から我慢して使うことで人工知能秘書を育てていった。興味深いことに、この人工知能秘書はだんだん育っていったそうだ。2～3年の間に人工知能としてのバージョンもアップすると同時に、ボスである彼の仕事のスタイルも学んでいったのだ。

最近、こんなことがあったらしい。彼がサマーバケーションでリゾート地に行っている間に、どうしても多人数の相手との電話会議に出席しなければならなくなった。人工知能秘書はあらかじめ、世界中のばらばらの場所にいるそれぞれの会議の出席者と調整して電話会議の日程や議題をきちんと連絡していてくれた。

ところが、当の彼がその電話会議をすっぽかしてしまった。時差がある関係で、時間をすっかり間違えて、ビーチでくつろいでいたのだ。

それでホテルの部屋に戻ってみると、たくさんのメールが入ってきていた。「電話会議に出るように」という取引先からの呼びかけがいくつかの場所から寄せられて、その後、「しばらく待っていたが、結局電話会議はキャンセル」というやりとりが続く。

興味深いのはその際に、人工知能秘書が何度彼にアクセスを試みてもつながらないことから、彼が電話会議をすっぽかしてしまったことに気づいたようなのだ。彼との連絡がつかない。それに彼が電話会議にログインした記録もない。だから彼が会議を忘れてしまったと判断した人工知能秘書は、事態の収拾に動いた。

つまり、関係各所にまずお詫びのメールを打ったうえで、代替の電話会議日程を調整し、彼が部屋に戻って気づいたときには、新しい会議スケジュールを設定し終わっていたのである。

これが人工知能がおもちゃの段階から始まって、数年で進化していくという実例である。

では、この先に起きることが何かおわかりだろうか？

やがて便利さで言えば人間の秘書を超えてしまう日が来るだろう。そしてその先もある。今は人工知能秘書は主従の関係で言えば彼の部下である。しかしこのまま秘書が学習を重ねていき、さらに製品もバージョンアップしていけば、やがて主従は逆転するだろう。

便利な人工知能秘書が実用化された先にあるのは、人工知能〝上司〟が発売される日かもしれないのだ。

『モダン・タイムス』ふたたび

この章の最後に、ＩＴがパワードスーツとしてさまざまな仕事の現場を手助けしていることによって、今、仕事の現場にどのような副作用が起きているのかを考察しておこう。

今、仕事の現場では、生産性が急速に高まっている。そしてその一方でオペレーションの「見えない化」が進行している。現場から離れた本社の上司たちには、各部門の生産性が上がってはいるが、何がどう生産性を上げているのか、原因や要因など細かいところが見えなくなってきている。

今、働き方改革が社会全体で叫ばれているが、それ以前の問題として、従業員の働き方が、社内の上の人間にはわからなくなってきているのだ。そして不祥事が起きたり、不幸な労災が起きたりしないと、現場の労働環境に無理がきていることがわからない。

実際、ホワイトカラーの労働現場は今、まさにモノクロ映画時代の名作『モダン・タイムス』のような世界になっている。『モダン・タイムス』が描いたのは、人間のペースなどおかまいなしに動く工場のベルトコンベア式のラインだった。現代のモダン・タイムスは、ホワイトカラーの職場全体をあのペースで動かしている。

現代のパワードスーツ、つまりパソコン、スマホ、タブレットなどのＩＴ機器はちょっとしたすき間時間でもできるよう作業を細分化することで、労働者を寸分の隙なく無駄なく働かせることができる。メールへの返信、文書の回覧、会議室の予約など、30秒単位でひとつひとつ、従業員は仕事をこなしてはまた次の仕事へと向かう。

パワードスーツを一旦身につけたホワイトカラーが作業を止めないことで、ホワイトカラーの仕事はどんどん生産性が上がっていく。

生産性がこのように上がっていくと、やがて「価格」が「コスト」とミスマッチを起こすようになる。サービスの価格を決定する人たちが、日々刻々と変化する生産性に対応した正しい価格を設定できなくなるのだ。

そこで本社の営業企画部門はエイヤで価格設定をするようになる。「このサービスは他社がこれくらいの価格にしているから」「顧客がこの価格じゃないと買ってくれないから」「たぶんこの価格でもコストがそれくらいまで下がるだろうから」というさまざまな根拠で、価格は決まっていく。

その結果、売れても儲からない商品が出てくる。忙しいのに作業ばかり増えて、利益も出なければ給料も上がらない。

これが工場なら、原材料費を積算し、人件費や機械の稼働の原価計算をして、製品の適切な価格設定がなされてきたのだが、そもそもＩＴのアプリやサービスの世界では製品の正しい価格設定などできない。そもそも原価積み上げ方式という考え方がＩＴにそぐわない。労働者の事情など脇に置いて、売れるかどうかの見込みに沿って価格や利益が決まっていくのだ。

そして生産性が継続的につぎつぎと上がっていく仕事現場では、徐々に「ついていけない人」が増えてくる。新しい技術に適応できずに古いやり方に固執《こしつ》する年配の社員や、メンタルな面で適応できずに体調を崩す若手社員。現時点のパワードスーツは個別の人間の対応力にまではまだ配慮しきれない。

そう考えると「スマートフォンのような便利なグッズによって仕事が楽になる」という日常的にわれわれが感じている恩恵は、皮肉な現実を生んでいることがわかってくる。自分だけが便利に速く働けるのであればどれほどよかっただろう。しかし現実は周囲の多くの人がパワードスーツによって同期しながら仕事の生産性を日々上げている。脱落した人が楽になるのか厳しい状況に追い込まれるのかもわからないまま、われわれはパワードスーツ効果の恐怖の下で日々スピードアップしていくことになるのだ。


さて、パワードスーツ効果はミクロでは「仕事は増える一方なのに給与は上がらない」という現象を起こすのだが、実はマクロで起きている非正規社員増加の問題にもパワードスーツが関係している。

次章では、人工知能の発達に伴い現在進行形で起きはじめている「まだ指摘されていない労働問題や経済問題」について指摘していきたい。

第3章

「正社員」の消滅
——その定義と役割はいかに変化してきたか

増え続ける雇用者と減少する正社員

これから先の時代、人工知能とロボットによって人間の仕事が奪われる「ＡＩ失業」が本格的な社会問題になってくるだろう。現在は仕事消滅の前夜にあたる。今、人工知能によって何が起きているのか、そしてこれから何が起きるのかを論考するのが本書の狙いである。本章では正社員の現在・過去、そして近未来に焦点をあてていこう。

さて、労働力調査をもとに厚生労働省が作成したグラフによれば２０１６年時点での日本の雇用者の総数は５３９１万人だそうだ。同じデータの始まりの年は30年以上前にあたる１９８４年なのだが、この年の日本の雇用者は３９３６万人と、今よりもずいぶん少なかった。

左のグラフを見る限り、今日までのところ仕事消滅どころかわが国の雇用者数は一貫して右肩上がりで32年間に約１５００万人近くも増えている。

このようなペースで雇用者数が増えた大きなふたつの理由は、女性の社会進出とシニア世代の労働力の増加である。１９８０年代はまだ女性社員が結婚して「寿退社」をし、専

わが国の雇用者数の推移

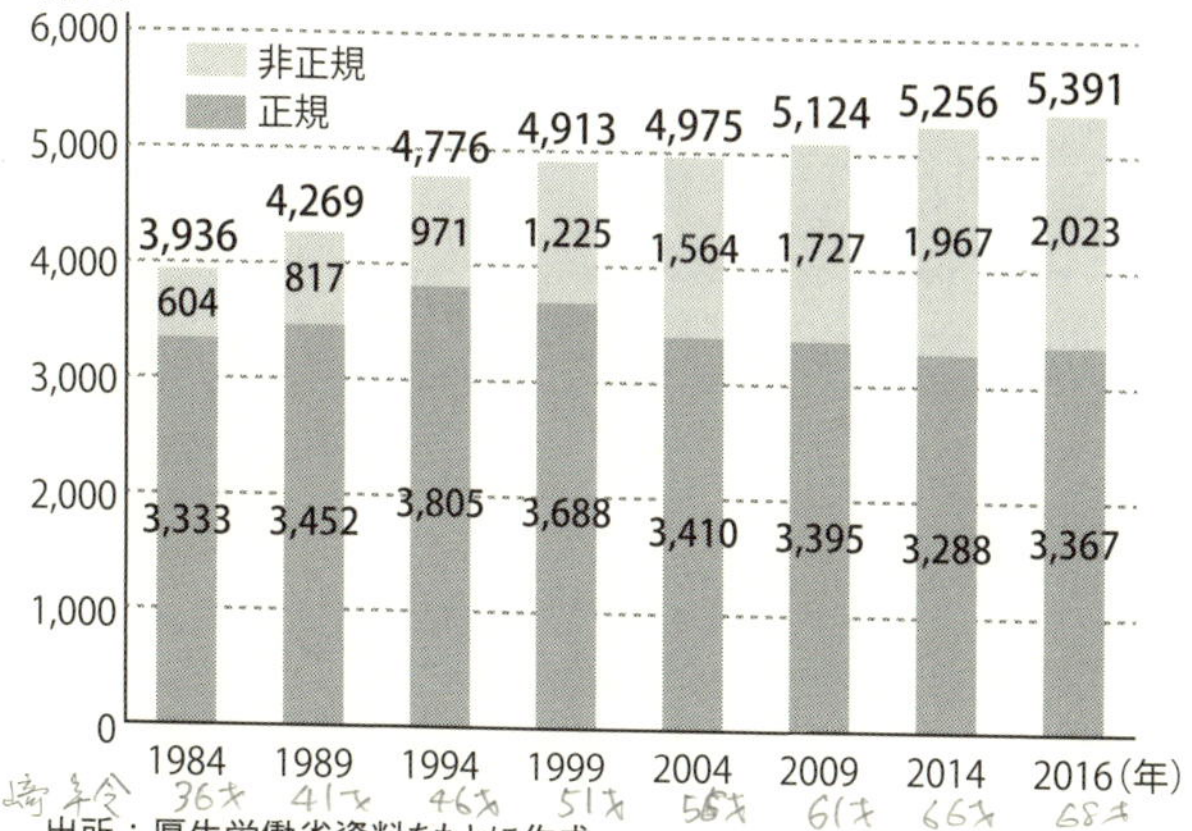

出所：厚生労働省資料をもとに作成

業主婦になることがあたりまえの時代だった。一方でまだ働ける世代の引退も早かった。

この時代、私がコンサルタントとして働きはじめた1年目に、クライアントの課長さんとオフィス脇のスペースで打ち合わせをしていると、ふいに広いオフィスに拍手の音が鳴り響いたことがある。顔を上げると大きなオフィススペースの向こう側のシマで額が禿げ上がった年配の社員が花束を受け取っている。この日で定年退職になる社員を見送る儀式だった。

この当時の大企業の定年は55歳の誕生日。ふと気づくと私はとうに、その当時に目撃した定年退職する会社員よりも歳を取っている。そして漠然と「あと15年はまだこうやって働いていくのだろう」と覚悟もしている。30年というスパンで眺めると、時代というものは確実に大きな変化を起こしているものなのだとあらためて感じる。

さて、この統計の1984年の内訳を眺めると、当時は全雇用者の85％が正社員だった。一方でアルバイト・パートおよび契約社員は604万人にすぎなかった。

時計の針をこの頃に戻して思い起こせば、当時大学生の私はいろいろなバイトを掛け持ちしていた。当時のバイトは今と比べると簡単な作業が多かった。倉庫の隅でちらかっている段ボールを片づけるとか、駅の通路でイベントを告知する看板を1日もっているとか、スーパーの牛肉売り場で1日中声をからして呼び込みするとか、技能の要らない仕事をして時給600円をもらう、そんな時代だった。

そしてちょっとでも技能が要る仕事、ないしは責任を伴う仕事は正社員がやる。それがあたりまえの時代だった。その先の統計グラフを見ると、正社員の数は1994年に3805万人とピークを迎え、そこから2014年まで20年間一貫して減少していく。代わって雇用者数の増加を非正規雇用が支えていくことになる。2016年時点では全雇用者に占める正社員の構成比は62％まで減少している。

パート、アルバイトの仕事が高度化している

労働力市場がこのように「非正規雇用」にシフトした背景にも、前章でお話しした「パワードスーツ効果」が関係している。ITや人工知能が進歩したおかげで、誰もがあたかもパワードスーツを着ているかのごとく、高度で生産性の高い仕事を簡単にこなせるようになってきた。これがパワードスーツ効果である。

なぜ正社員が減少し非正規雇用が増加したのかも、このパワードスーツ効果で説明できる。そうなった理由は技能が要る仕事、責任を伴う仕事のかなりの部分が正社員でなくてもできるようになったからだ。現代の非正規雇用社員が働く現場を見てみればそのことがよくわかる。

コンビニでアルバイト店員が発注業務を通常業務としてこなしていることは前章で指摘した。小売店の発注業務というのは本質的にものすごく責任の重い仕事である。過去の常識では熟練の売り場社員でなければできないはずのこのような仕事が、システム化のおかげで普通のバイト店員がする仕事へと変わってしまった。

携帯電話売り場のスタッフの仕事も同様だ。そもそも携帯電話は消費者が感じているような0円ではなく、通常、2年契約で総額20万円近い利用料の支払いをしばる高額商品だ。だからその業務では、契約の際には法令にのっとったきちんとした説明が必須とされる。

法令にのっとって消費者の誤認がないように携帯の新規契約を行うには、膨大でかつ緻密に組み込まれたセールスプロセスをこなす必要がある。つまり昔であればベテランセールスマンが対応すべき仕事なのだが、携帯の販売現場ではそれを高度にシステム化することで、雇ってまだ日が浅いパート店員でもそれほど問題なく契約をクロージングできるように販売プロセスを作り上げている。

つまり、人工知能を用いたＩＴシステムとスマホやタブレット端末を組み合わせることで、以前であれば熟練正社員でなければできなかったような仕事を、比較的短時間しか訓練をしていないパートタイム従業員がこなせるようになっている。

こんな話もある。私は昨年の夏季休暇はアメリカ北西部の山岳リゾート地で過ごした。大手ホテルチェーン系のこぢんまりとしたリゾートホテルに滞在し、そこでフロント兼コンシェルジュ役のスタッフにレストランの紹介やラフティングなどのアクティビティの予約、近隣の山々へのドライブルートの相談などさまざまな件でお世話になった。

　私と同世代とおぼしきそのスタッフと仲良くなった後で聞いたところ、実は彼女は2か月前にこのホテルに雇われたばかり。それもホテル業界で働くのは初めてという新人スタッフだというのだ。ところが私が滞在中に頼んだいろいろとこまごました質問や依頼は、彼女の手元の端末をたたくことで、まるで熟練のホテルスタッフが対応するようにノンストレスで私の滞在ニーズに応えてくれた。

　考えてみれば旅の情報の口コミサイトであるトリップアドバイザーと、飲食店の予約サイトであるオープンテーブルを活用することで、素人《しろうと》でもホテルのコンシェルジュのごとくふるまうことができる時代が来ているとも言える。もちろんホスピタリティあふれる立居ふるまいができるという前提ではあるが、専門知識が重要だったはずの接客分野でも短期間の訓練で、パートタイム従業員を戦力化できる時代なのだ。

　この30年の間に、数多くの仕事、非常に幅の広い仕事が、正社員を必要としない仕事へと変貌している。

正社員の仕事は「勝ちパターン」の設計に

なぜ正社員の仕事が消滅していくのだろうか。

それはひと言でいえば、企業間の競争があるからである。競争企業同士がお互いに激しいコスト競争、生産性向上競争を繰り広げていく中では、必然的に正社員のコストを非正規労働者に置き換える作業が進んでいかざるを得ない。

熟練した、しかしコストの高い正社員ばかりで戦っていては、競合企業とのコスト競争に勝てない。だから仕事のプロセスの中で比較的短期間で非正規労働者を戦力化できる部分を見つけては、それを非正規社員の仕事へと切り出していく。これが1990年代以降、大企業の中での流行となった。

そのやり方をもう少し具体的に言えば、次のような仕組みになっている。

現代の仕事の現場では「(新しい)事業や業務の勝ちパターンを設計し、それを横展開できるようにする」ことが正社員の仕事だ。

大企業傘下の事業会社では、「このやり方で商品／サービスを販売すれば高い利益率を上げることができる」という成功パターンを生み出すのがステップ1。そして一度成功パターンが確立できたら、それをいかに短時間でどれだけたくさん非正規社員が運営する事業所としてコピーするかを考える仕事がステップ2。そしてそのプロセスを継続的に磨き上げるのがステップ3。この3つのステップを経営者がマネージメントすることで大企業は莫大な利益を上げている。

ステップ1は主に正社員が担当し、高い利益率を達成できる事業モデルを模索していく。その後のステップ2とステップ3は少数の正社員ができるだけ多数の非正規社員に仕事を担当させていくことで、利益額の規模を極大化していくことをゴールとする。

こうして完成した事業モデルでは、それがうまくできていればいるほど、少ない数の正社員で全体システムが運営され、同じ「仕事」が全国津々浦々で「コピー」された経済システムが出来上がる。現代のビジネスはこういった設計思想で拡大しているのだ。

正社員の数が見た目では下げ止まりしている理由

そう考えると、統計よりももっと速いペースで正社員の仕事は消滅し、非正規雇用に置き換わっていってもおかしくはないはずだ。しかし正社員の数は２０１４年を底に、それ以降、逆に増加に転じている。

その理由はふたつある。ひとつは正社員には雇用契約があるために自然減以外に減らしていくことが難しいということだ。

法律によって会社が恣意的《しいてき》に解雇できないのが正社員である。その根本の理由は、雇用契約というものがその名の通り、会社と個人との間の長期契約だからだ。

会社が経営の危機に瀕するなどの特別な状況に追い込まれない限り、会社は個人を雇用する。そして個人は仕事に専念して会社の発展のために働いていく。雇用契約とは本来このような前提で結ばれた「40年契約」であるから、会社はそれを守る義務がある。

実は私が社会人になった１９８０年代の大企業の「日本的経営ルール」は、このような法的な契約以外の暗黙の契約事項までが加わっていた。それは終身雇用、年功序列、そして組合の会社経営への協調であった。

この3番目の要素はより難しい経営用語で「企業内労働組合」と呼ぶものと同じだ。労働組合とは欧米の定義では会社と対抗しうる一大勢力であるべきなのだが、日本の大企業では労働組合は同じ企業の社員だけで組織されるのが一般的になった。そして企業内労働組合の役割は経営と協調しながら労働者の権利と会社の利益を両立させることを目指す調整役になっていた。

この暗黙の契約が意味することは、
①会社は学卒の新入社員を一生面倒をみるから、社員は会社のために一生懸命働くこと
②会社組織では年齢を重ね経験を積むごとに全員同じようなペースで昇進させていく。いずれ給料は上がるのだから若いうちは我慢すること
③会社というものは「社員全員が乗り合わせた同じ船」なのだから、会社が沈まないことが一番大切。会社のために社員は力を合わせること
ということになる。この暗黙の契約は労働法規で明文化されていたわけではないが、1960年代から80年代までよく機能して、日本経済の発展を支えてきた。

しかし誰もが知っているように、この暗黙の契約が1990年代に崩壊した。そして1980年代後半に大企業に入社した人材が一番ワリを食う形になった。若いときは安い給料で働かされたうえに、年齢が上がっても給料は上がらない。会社は利益を上げる行動に走って、利益は社員には還元されずに、株主ばかりに還元されるという状態が横行してしまった。

結局、正社員として法律で最後まで守られている契約が「会社都合では勝手な解雇はできない」というものだけである。給料は上がらないが、辞めさせることは簡単ではない。その理由から一定数の正社員が組織の中で、定年による自然消滅を待っている。そのような状態が正社員の減少ペースが頭打ちになっているひとつ目の理由である。

もうひとつ、この10年間で正社員の意味が変質してきたことがある。

アメリカと対比して考えるとわかりやすいが、アメリカには正社員と非正規労働者という考え方はない。むしろあるのはフルタイムの労働者かパートタイムの労働者かの違いだ。日本では正規労働者と非正規労働者の間で「同一労働なのに同一賃金ではない」ことが社会問題になっているが、アメリカではそもそもフルタイムの同一労働であれば賃金も同一があたりまえである。

それをふまえたうえで、日本企業の多くの現場では、正規労働者を「フルタイムで働く安価な労働力」として再定義しようという動きが増加している。

これはここ数年、大企業が頭をかかえていることなのだが、本来はアルバイト・パートにまかせたい仕事もだんだん人が集まらなくなってきたという事情がある。24時間シフトでビジネスをまわさなければいけないとなると、人員の確保が問題になる。

少子高齢化社会がじわじわと拡大する中で、大企業にとっては慢性的な人手不足が最大の経営課題になりはじめている。

一方で過去30年間で、年功序列で給料が上がり続けるという日本的雇用慣行のしばりはなし崩しに崩壊していった。となると、正社員のコストが経費を圧迫する経営リスクは以前に比べて小さい。

そこで新しいタイプの正社員雇用が流行する。従業員を長時間拘束するため、そして責任を押し付けるための新しいタイプの正社員の増加である。

それが悪い方に働くと、バイト人員が確保できなければ名ばかり管理職が残業代を返上してシフトの穴を埋めたり、引っ越し会社では現場で起きた損害を正社員リーダーが会社に代わって弁済する事例が出てくる。俗にブラック企業と呼ばれる現象だが、若い労働力確保が年々難しくなってきていることから、社会問題にはなってもなくなる気配はない。

今起きている現象に、皮肉を感じる読者も多いかもしれない。仕事消滅前夜には仕事の量全体は増え続ける。まだ雇用を完全に人工知能やロボットに移管することができないからだ。一方で難しい仕事から先に消滅していく。だから「スキルや経験や創造力が必要で、その分、報酬が高い正社員」という立場は年々、世の中から消えていく。

統計上、正社員は減っていないが、そう見えるのは「給料が上がらずに責任だけが重い新しいタイプの正社員」が増えているからである。そして以前は日本中にあふれていた「いずれは誰もが部長、課長の肩書になって高収入が得られる正社員」という仕事は着実に現代社会の中で消滅し続けているのである。

マニュアル化から始まった正社員の非正規化

正社員の仕事が非正規労働者の仕事へと置き換えられていく現象は、この先、どのようなペースで進んでいくのだろうか。それを理解するために、過去起きてきた正社員の非正規労働者への置き換えの歴史を技術的な側面から解説してみることにする。

前述したように、１９８０年頃までの日本企業ではアルバイト・パートと言えば軽作業と言われるような誰でもできる仕事が主流だった。当時、非正規労働者を正社員的な役割を果たせるようにもっともうまく教育し、組織的に雇用していたのが日本マクドナルドだった。

その当時のマクドナルドの国内店舗数は３００店程度。１店舗にはクルーと呼ばれるバイト従業員が常時50名ほど登録されているので、その時点ですでに日本全体で1万5000人もの新しいタイプの非正規労働の仕事を生み出していた。

　マクドナルドが日本に持ち込んだのがマニュアル経営である。完成度が高いメニューを均質な品質で提供するということは、1970年以前の日本では考えにくいことだった。当時の日本では料理はプロの調理師が作り、提供するものだった。

　それをマクドナルドは中間加工品までの状態を工場で作ること、調理器具を一定温度に保ちタイマーで調理時間をコントロールすること、そしてバイト従業員をマニュアル通りに動かすことで、非正規労働力でもサービスを可能にした。

　たとえば、マクドナルドのバーガー類で一番簡単な作業で作ることができるのがフィレオフィッシュだ。アルバイトに採用された従業員は事務所で20分の教育ビデオを見せられて、その後、店舗で先輩から指導を受ければ、その日のうちにフィレオフィッシュを作り顧客に提供できるようになる。

　調理作業はバイトを始めた初日でもこなせるように設計されている。たとえばフィレオフィッシュを6つ作るようにという指示が来たら、冷凍庫から冷凍食品の白身魚のフライを6つ取り出して、あらかじめ一定温度に保たれている油の中に下ろす。下ろしたらフライヤーの上にあるボタンを押す。これがタイマーのスイッチの役割を果たしている。

次にバンズを6つ取り出すと、蒸し器の中に上下の部分に分けてセットして蒸し器のボタンを押す。これもタイマーである。

蒸し器のタイマーが鳴ったらバンズを取り出して、タルタルソースが詰められたガンを裏返したバンズに向けてカチン、カチンと打っていく。引き金を1回引くと適量のタルタルソースが出るようになっている。

フライヤーの側のタイマーが鳴ったら油から白身魚のフライを取り上げて油をきる。それをトングでバットに移してかるく塩をふる。あらかじめ半分に切ってあるチェダーチーズをのせ、そのフライをバンズに移して、もう1枚のバンズで挟んだらフィレオフィッシュの出来上がりである。

マクドナルドでのバイトは徐々に難しい仕事をまかされていくのだが、それも段階的に自然に身につくように仕事が分割され設計されている。そして最終的に誰でも、ハンバーガーをピーク時に1分あたり12個のペースで焼くだけの技量が身につくようになる。ハンバーガーを焼く鉄板や、スパチュラ（へら）のような調理器具が劣化しないように、それをどのように磨いてメンテナンスするかまで含め店内の仕事はすべてがマニュアル化されている。

こうしてひとつのお店全体が、世界同一品質の商品とサービスを提供できるように設計されている。80年代以降、日本で急速に発展したチェーンオペレーションの飲食店は、多かれ少なかれ、このマクドナルドのマニュアル経営を学んで発展してきた。これが世界で非正規社員の戦力化が拡大したひとつ目の潮流である。

イントラネットで社内接待が不要に

それと同じ時期に、ホワイトカラーの職場ではオフィスオートメーションの導入が進んでいった。私が社会人になった1980年代半ばがちょうどその導入初期で、企業によっても多少のばらつきはあるが、1980年代後半ぐらいまでにそれまで手書きだった社内文書がワープロに置き換わっていった。いわゆる事務作業の電子化が始まり、これがオフィスオートメーションだなどと呼ばれた。

余談だがパソコンやプリンタ、コピー機やファクシミリなどの機械をわれわれはOA機器と呼んでいる。OAとはオフィスオートメーションの略。つまりこの時期に進んだオフィスオートメーション革命とはその程度の機械が導入されただけのことであった。それでも当時はホワイトカラーの仕事は劇的に生産性が向上したのだ。

そして１９８０年代後半にこのマニュアル化とオフィスオートメーションの両方が社内システムとして統合されるＩＴシステム化のブームが起きた。優れた社員の仕事ぶりを人工知能で再現させるいわゆるエキスパートシステムというものも、この頃もてはやされたコンセプトで、これは第二次ＡＩブームとも呼ばれた。

エキスパートシステムが発展した完成形のひとつが、今のコンビニの店員が行う発注システムだ。発注という難しいプロの作業が、人工知能のサポートでバイト店員にまかせられる仕事になったのである。

オフィスの中の仕事革命のその次のステップは、１９９０年代後半にインターネットと電子メールが登場したことだ。続いて社内だけの閉じたイントラネットが登場して、会社の中での仕事のやり方が激変した。

今の若い人たちには想像もつかないかもしれないが、それまでの大企業のオフィスにインターネットはなかった。電子メールも存在しなかった。

代わりにそれ以前の時代、オフィスの中には社内便の仕組みがあった。社内の他の部署の人に連絡をする際には手紙を書いて、まるでファミレスで受付に自分の名前を書く名簿のような宛名リストが書かれた封筒にそれを入れて、社内を飛び回るアルバイトのメッセンジャーに届けてもらうのだ。

手紙や書類が届いたら、封筒の宛先に横線を引いて消して、その封筒は再利用する。宛名リストの次の欄に新しい宛先を記入して、また手紙を送る。急ぎの場合は当然、相手の内線に電話をかけて話をする。そういったあたりまえに手間がかかっていた仕事が電子メールの登場で激減した。

この時期の仕事の生産性の一番の変化は、ＩＴをグループウェア的に使うことができるようになったことで、他人の知見が劇的に使いやすくなったということだろう。

今では想像しにくいかもしれないが、それまでは社内の誰かがもっているノウハウを聞き出すためには、わざわざ夜、食事に誘って一杯ごちそうして、酒の席でそれを聞き出すというのがオトナのあたりまえの仕事の流儀だった。

その時代には「あのお得意先とトラブルになっている件、先方の誰をキーマンとして動かしたらリカバリーできるだろうか」とか「この新しいタイプのサービスの価格設定は、どういったことに気をつけたらいいのか」みたいな重要なノウハウの多くが属人化していた。仕事のできる人たちひとりひとりがノウハウを個人の武器、個人財産にしていたわけだ。それを、アフターファイブに別の社員が「同期だから」みたいに個人的なネットワークを利用して、社内接待を通じて酒と情報とを交換していたのである。

イントラネットの登場はそのような仕事の仕組みを一変させた。個々の社員が培ってきた仕事上のノウハウは、一定のルールでイントラネット上で保管されるようになった。そして一定の権限が与えられた社員は、それらの資料を目にすることでノウハウを吸収できるようになった。

同時にグループウェアやチャットなどの発達によって、資料を読んでもわからない部分は質問ができて、短時間で返事を受け取ることができるようになった。

今、携帯電話の契約の現場では、非常に多種類の契約メニューについて、複雑なセールスプロセスを非正規の従業員たちが苦もなくこなしている。それはセールスのツールと契約の仕事のプロセスがシステム化されグループウェア化されているからだ。

販売員たちは基本的にはセールスツールに沿って商品プランの説明をしていくのだが、お客様からの質問でわからない点が出てきたらコンタクトセンターと電話やチャットでつながることで、その点についてもっとわかっている人から教えてもらうことができる。

複雑で難しいオプション契約も、システムから要求される項目をきちんとチェックしていけば抜けもれなくできる。ないしはもしも抜けもれがあったらシステム上でアラート表示が出て先に進めなくなるので失敗がなくなる。

このように仕事のマニュアル化が進み、それがITシステムにのりながら、ネットワーク化していくことで、以前は長い社内教育期間を通じて訓練された正社員しかできなかった仕事が、入社してまもない非正規社員でもできるようになってきた。これが今日まで、非正規労働者が全賃金労働者の４割を占めるようになった歴史なのである。

「ＲＰＡ」でホワイトカラーの事務作業が激減する

では、この先の非正規化はどのような形で、さらに先に進んでいくのだろうか。今注目を集めている人工知能用語にロボティック・プロセス・オートメーション（ＲＰＡ）という言葉がある。パソコンの中に常駐して、ホワイトカラーの作業を学んでいくプログラムのことである。

ＲＰＡで自動化される仕事の代表的なものは、複数のアプリケーションにまたがって、いくつかの判断を下しながら行っていくような事務作業だ。私の月末の請求書発行作業を例に説明しよう。

私が月間16本のコラムや記事を書いていることは先にお話しした。個人の立場で書いている関係で請求書の発行作業は自分で行う。

ある出版社の場合、請求書にはその月に書いた原稿の提出日時と記事タイトルをエクセルシートに記入して作成する。だから私は編集者との電子メールのやりとりをチェックしながら、メールの履歴から日付と添付ファイルのタイトルを確認して請求書を発行する。

それを少し前までは郵送していた。郵送する場合、エクセルを印刷した請求書とは別に、ワードで送り状を作成してこれも印刷する。送り状のファイルを開いて、編集部の編集者の名前を入力し、用件欄に「請求書ご送付の件」と入力して印刷するのだ。

さらに宛名作成ソフトを開いて、送り先の住所をラベルに印刷する。あとは封筒にその宛名ラベルを貼って、送り状と請求書を入れて封をして、切手を貼ったら事務作業はおしまいである。

これをＲＰＡではソフトウェアが学んで自動化していく。一番初歩的なものは送り状を作成するような業務で、これはマクロのような古い技術で対応できる。そこに判断アルゴリズムを加えたタイプのRPAもある。あらかじめ判断分岐をプログラムしておくことで、A社への請求書は項目だけ、B社への請求書は細目に記事の日付とタイトル名を記入する、というように仕事の中身によってプログラムが一定の判断分岐を行うものがこのタイプだ。

そして最近注目されているのが、人工知能によって判断アルゴリズムをプログラムしなくても、機械学習で作業を自動化していくタイプのものである。

請求書を作成するのに、ファイルを開いて記事の日付とタイトル名を記入しなければいけない会社宛の請求書の場合、人工知能が自分でメールの履歴や格納ファイルを検索して、それを探してもってくる。

人間の事務員が頭を使ってひとつひとつ情報を集めて作成する定型書類の作成作業を、人工知能が見て、覚えて、そして代わりに行うことができるようになるのである。

このRPAが革命的だと言われるのは、このような作業の自動化を行うのに、情報システム部門のシステムエンジニア（SE）を必要としないことだ。

古いタイプの情報システム開発は、①システムエンジニアが仕事の現場で行われている業務プロセスを理解して、②システムエンジニアがその理解を論理的にドキュメントに記述して、③そのうえでそれをプログラム言語に書き落とすという3段階の作業を行わないとシステムを作ることができなかった。

しかもそれは日ごろ業務をやっている現場社員が行う作業ではないため、おうおうにして①や②のプロセスで間違いが起きる。ＳＥが理解したつもりの仕事内容が、実は細部で間違っていたりするのだ。それが後からわかってプログラムを修正する作業が発生したりする。システム開発の仕事は常に面倒で時間がかかるものだ。

ＲＰＡならこの3段階のステップを人工知能が行ってしまう。だからこれまでよりもずっと少ない投資、しかも短期間で、これまでだったらシステム開発の手間をかけるだけの意味がなかったほどマイナーな作業でも自動化ができる。

先の例で言えば、私が毎月末に30分かけて行っている自分の請求書発行作業のような「わざわざ自動化しても、その方が投資コストがかかりそうな些末《さまつ》な業務」をＲＰＡの人工知能ソフトに学ばせれば、ボタンひとつでできる自動化作業に変えられるのだ。

メガバンクの大規模リストラの陰にあること

このロボティック・プロセス・オートメーションが今、雇用の未来に激震を起こそうとしている。その震源地はメガバンクである。

2018年、学生の就職活動で不動の人気を誇ってきた「銀行」の地位の下落が始まった。最初にニュースになったのは就活情報大手の「ディスコ」による調査で、統計開始以来8年連続して業界人気の首位だった「銀行」が4位に転落したのだ。代わりに首位に立ったのは人工知能やフィンテックを推進する「情報・インターネットサービス」である。

就活生にとっての銀行人気神話の前提は、他業界に比べて圧倒的に高年収が保証されているというイメージが強い。一方で神経をすり減らし人間性が削られていくというマイナス面とのバランスを比べながら、それでもエリートである銀行員に学生たちがあこがれるというのがこれまでのステレオタイプな説明であった。

ライフバランス面でのデメリットがあっても、社会的地位が高い銀行の仕事は、過去数十年にわたって、学生の人気業種のトップだった。

ではなぜこの1年で急激に銀行の人気ランクが落ちたのか？　わかりやすいきっかけは2017年、メガバンク3行がそれぞれの形で表明した大規模なリストラ予告だった。

それぞれターゲット時期は異なるため規模も異なるが、三井住友フィナンシャルグループ（ＦＧ）では２０２１年までに４０００人分の業務量を削減。三菱ＵＦＪＦＧは２０２４年までに９５００人分の業務量を削減するという。さらにみずほＦＧでは２０２７年までの10年間に１万９０００人の従業員を削減すると発表している。

一見、三井住友が少なく、三菱ＵＦＪが中間で、みずほが大規模なリストラをするように見えるが、実は３行の発表は全部、ひとつながりの計画として整合している。

３行ともはじめに導入することは人工知能を導入したＲＰＡによる事務作業の自動化である。これによってこの先５年前後で大量の銀行事務の仕事が消滅する。

仕事がなくなるから行員を別の仕事に振り向ける。これが三井住友ＦＧが４０００人を事務から営業へと配置転換させる計画の根拠である。これを経営陣は「ルーティンに携わっていた人材を創造的な仕事に振り替えていくこと」と表現している。

三井住友の４年間で４０００人という数字と、三菱ＵＦＪの７年間で９５００人というのは時間軸での人数規模の違いであって、どちらも言っていることはつぎつぎと消滅していく事務に携わる行員の営業業務への配転だ。

これは私たちコンサルタントにとってはとても耳慣れた経営トップの言い回しで、現業の仕事がなくなった企業では過去もよく会社上層部から同じような発言が繰り返されてき

メガバンク各行の業務量／従業員数削減計画

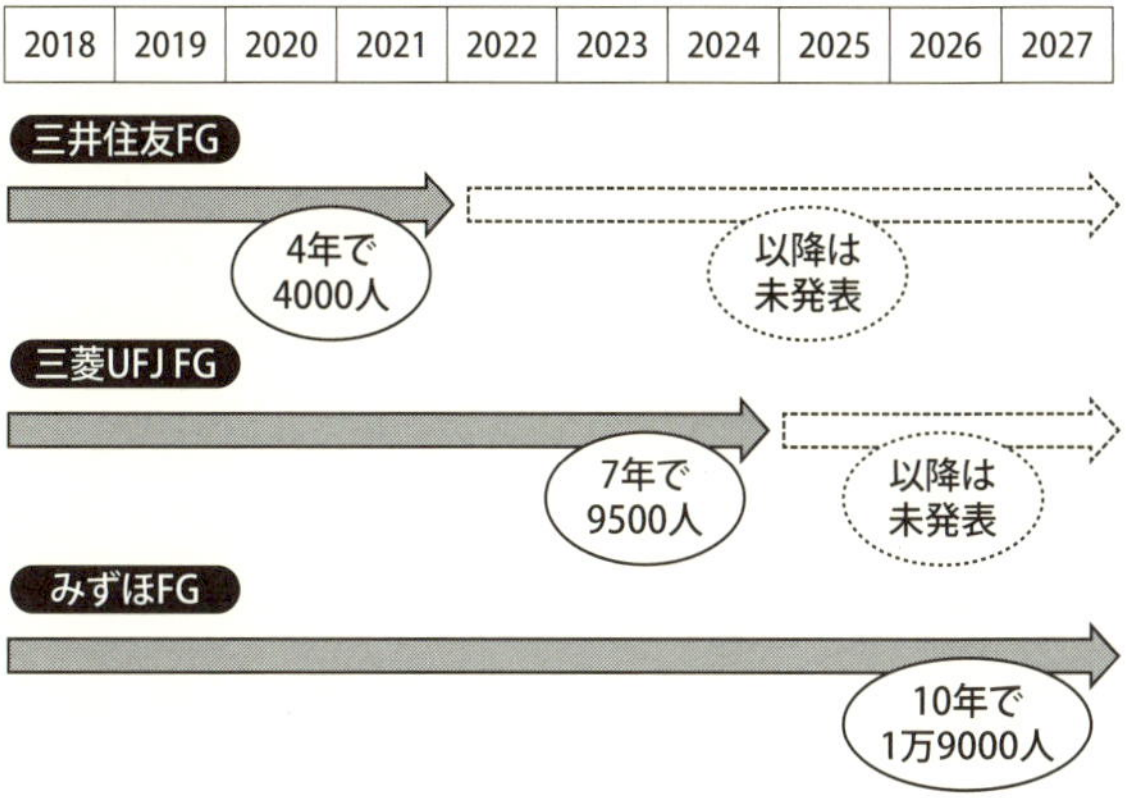

出所：各種報道資料をもとに作成

た。

実際に、国鉄がＪＲになった際は余剰の現業社員を営業に配転するという人事が行われた。富士通やＮＥＣでは工場の閉鎖が大量に計画された時代にＩＴエンジニアへの配転が発表された。

要はそれまでやってきた仕事がなくなったら、その会社で一番金が稼げる仕事に社員を配置転換すると会社は発表するのだ。ところが、現場の社員を営業とかＩＴエンジニアのような「創造的な仕事」に配置転換しても、実際は戦力にはならない。結果、多くの社員が新しい仕事に定着できずに辞めていく。

その観点で一番正直に長期計画を発表しているのがみずほＦＧだ。みずほだけは業務量の削減の結果を配転ではなく従業員の削減で対応すると明言している。最終的にそうなることが自明だからだ。そして論理的には、三井住友と三菱ＵＦＪのまだ計画では語られていない5年目以降、8年目以降についてはみずほと同じ決断をそのときのトップが下さざるを得ないことになるだろう。

結局のところ、たとえ今年の就活シーズンで学生が就活プロセスで勝ち残って入行しても、その先に待っているのは大規模なリストラということになる。目端の利く学生にはその理由もわかっている。一番の理由はフィンテックに大規模な投資が集中しているからだ。銀行員の競争相手は今や人工知能であり、しかもその人工知能の方が銀行員よりも競争力は強い。

そのため必然的に銀行は人気業種首位から陥落し、代わりにフィンテックを生み出す側の情報・インターネットサービスが人気業種首位に躍り出るという図式が生まれたわけだ。

そして企業全体の給与水準が高いメガバンクであるからこそ、あらかじめ10年先までの長期計画という形でリストラの計画を発表する必要があったのだ。

あらためて、「正社員」とはいったい何だろう？

現実にはロボティック・プロセス・オートメーションによる事務作業の消滅はメガバンクだけではなく、日本中のいたるところにあるホワイトカラーの職場で発生していく。そうなると本格的で大規模な雇用問題が発生することになる。

ＲＰＡによって消滅するのは正社員の仕事だ。しかし構造的に言えば、その結果ＡＩ失業するのは派遣などの非正規労働者である。なぜなら大規模な雇用調整が必要になった場合、企業の側から雇い止めなどの手を打ちやすいのは圧倒的に非正規労働者になるからだ。

１９８０年代の国鉄改革の当時も似たような場面があった。国鉄がＪＲになった経緯はすでに過去の歴史になってしまっているので、詳細は知らないという若い方も少なくないと思う。当時の国鉄は37兆円という巨額な債務と、27万人の職員をかかえ経営が立ち行かなくなっていた。

それで分割民営化を行ったわけだが、やったことは大きくふたつ。鉄道用地を売却することで債務を半分に減らしたことと、余剰人員を整理し社員を３分の２に減らしたことだ。

　当時の話を半分笑い話として聞き流していただきたいのだが、民営化当初はＪＲの幹部の方は「人の数が減って大変です。みんな民営化以前の倍は働いていています」とおっしゃっていた。一方で私たちコンサルティングチームが分析をしてみたところ、競合相手の私鉄は民営化後のＪＲの倍の生産性で働いていた。だから「国鉄時代は生産性が私鉄の４分の１だったということですよね」などと言い合ったものだ。

　そのようなわけでＪＲの正社員になった人たちの数は、まだ適正水準よりも多かった。そしてそういった人たちは鉄道の現業の現場から周辺業務へと配置転換になった。結果、本社の中でお茶を出してくれるのも中年のＪＲ社員、駅の構内に新しく出店したラーメン店の店員もＪＲ社員、喫茶店の給仕もＪＲ社員という具合になったのだ。しかも１９８７年当時の話なので、その大半は中年の男性社員である。

　少なくとも１９９０年代半ばまでは、ＪＲでは余剰人員の削減は自然減で賄《まかな》うしかなかった。だから一般企業では非正規労働者が行っている仕事を、当時のＪＲでは正社員が行ってきたのだ。メガバンクでこれから起きるＡＩ失業の結果も、それと同じプロセスを経る可能性は十分にある。

そこで考えるべきは「正社員とはいったい何なんだろう？」ということである。本来の意味での正社員とは熟練工である。別に製造現場だけの話ではなくホワイトカラーの現場でも同じことだ。ひとつの職場で何年もかけてスキルを身につけた、簡単には他の人とは入れ替えられない熟練した人材がそもそも職場で必要とされてきた「正社員」である。

そこでは仕事の特殊性、自社のやり方についての理解、会社の方向性の共有、チームとしての一体感、職場への忠誠度、そういったことがらすべてを含めて熟練した社員であることの意味が大きかった。だからこそ会社は新卒社員を大量採用し、育て、戦力として維持してきた。そして正社員の給与水準が、会社平均で年収４００万円とか６００万円のように高水準だったのは、長い間働いてくれている人の方が仕事のパフォーマンスが高くなるからだった。

それが今では多くの仕事で、入社して２週間もたてば従業員は十分に戦力化できる。会社についての理解もチームとしての一体感も企業内のＳＮＳやグループウェアでコントロールできる。そうなってくると、古い意味での正社員の必要性はなくなってしまっている。

そして今、企業が正社員を雇用する意味はむしろ別の理由からだ。人材として長期安定的に一定数を確保したいからというのがその理由。だから「長くいてくれる、ある程度まっとうな人材」であることが正社員の新しい存在理由になってきている。

最終的には古い定義での正社員が消滅する

あるアパレル大手のカリスマ社長が「これからは年収1億円の一部の社員と、年収100万円の多数の社員に分かれる時代がやってくる」と言ったことがある。そしてその会社では契約社員をどんどん正社員化している。

つまり、これからの社会では正規労働者とは非正規労働者同様に給与水準が低いが、雇用だけが契約で保証されている人材を指すようになる。同一労働同一賃金の潮流から言えばこれは当然のことだろう。

最近の国会での日本経済に関わる与党と野党の舌戦《ぜっせん》を見ていると、与党政治家は「雇用が生まれたこと」「正規労働者の数が数十万人の規模で増えていること」を政権の成果として強調している。

まあ野党が与党だった頃の日本経済の悲惨さを思い出すと、世の中がマシになったのは事実である。しかしこれから先、厚生労働省が「雇用総数が増えている」「正規労働者が増えている」というような言葉を使い出したら要注意だと私は思っている。

これから先の世界ではふたつのタイプの仕事が減っていくはずだ。ひとつは給与待遇としてワリのいい仕事。一生懸命働いていたらいつか課長や部長に出世できて、年収レベルは30代で７００万円、40代前半で１０００万円などという仕事の総数はどんどん減っていく。こういった古い定義での正社員の数は最終的には雇用全体の数％にまで減少し、その大半が消滅してしまうだろう。

そしてもうひとつ、長期的に見れば減っていくのがフルタイムの雇用である。短期的には今、人が採れないことが問題になっているので、会社としてはできればフルタイムで働いてくれる人を採りたいと思う。中にはブラック企業のように、フルタイムどころか週40時間ではなく60時間、年間２０００時間ではなく３０００時間まで働かせたいという企業まである。

しかし人手不足の状況は逆に、ロボティック・プロセス・オートメーションのような技術革新を進めていくだろう。やがて仕事の中身が人工知能によって合理化されていけば、ホワイトカラーの職場で必要となる人の総数はむしろ減る。

それが失業率の上昇につながると厚生労働省としては困ったことになる。そこで推進されるのがワークシェアである。仕事の総数が減ったら、それを複数の従業員で分けていこうという考え方だ。

特にこれからシルバー世代にはもっともっと働いてもらわなければいけなくなる。年金財源に限界がある中で高齢者の数がどんどん膨れ上がっていくからだ。だから就業者の数はこれからも増え続ける。

実際に、直近の統計数学を見てみると、これと同じことが起きている。労働分配率という数字は２０１１年以降で右肩下がりになっている。これは会社が稼いだお金を労働者に分配するのではなく、コンピュータを含む設備投資に振り向ける比率が上がってきていることを示している。

そして就業者全体の数は年々増加しているにもかかわらず、ひとりあたりの労働時間は年々、右肩下がりで減少しているのだ。

このように古い意味での正社員の消滅、そしてフルタイムの仕事の消滅はすでに始まっているのである。

第4章

「法規制で雇用を守る」日本の末路
——AI失業か、それともAI後進国か

自動運転車による仕事消滅のカウントダウン

人工知能とロボットの進化により、これから20年以内に人類の仕事の半分が消滅すると言われている。しかし今は「まだ先の話だろう」とその警告を気にしない人が多数派だ。わが国の場合、人手不足こそが経済の大問題であって、その仕事を人工知能がこなしてくれるなどという話は歓迎すれど、そんなことは夢物語だぐらいに捉えている人の方がはるかに多い。

とはいえ、仕事消滅の始まりは比較的すぐにやってくる。2022年、この年、世界中の国で仕事消滅によるAI失業の危機が初めて大きな社会問題になる。

その引き金を引くのはセルフドライビングカー（自動運転車）の出現である。

前述したように、日産・ルノー連合はこの2022年にレベル5と呼ばれる、一般道において完全に自動運転を可能とする自動車を発売すると宣言している。GM（ゼネラルモーターズ）、メルセデス・ベンツなど世界の主要な自動車メーカーも、同じゴールに向けてしのぎを削っている。

現在の開発状況を前提に考えれば、２０２２年に世界初の完全自動運転車が発売されるというのは、もはや「予測」ではなく事業計画のロードマップ上に設定された「具体的な予定」になっている。

そして日本の運輸業界はこの自動運転車の登場を誰よりも待ちわびて、誰よりも力を入れて支援している。理由はとにかく人手が足りないからだ。

今、日本は、ゆるやかではあるが長期的に景気拡大を続けている。ところがそのボトルネックになりそうなのが物流である。物流分野ではとにかく人間の労働力が不可欠なのだが、その人手がどうにも採用できない。

採れない根本理由は少子高齢化で若い労働力が社会全体で不足していることにあるのだが、同時に他の仕事と比べて過酷な労働環境も課題である。特に運搬作業がきつい宅配や引っ越し分野では目に見えて業務が停滞しはじめている。

「宅配クライシス」で、ヤマト運輸が大幅な値上げにふみきった。そうかと思うと、今度は引っ越し危機が起きはじめた。新年度の引っ越しシーズンには引っ越し業者の手が足りず、入学や転勤をしても４月中には荷物が届かない「引っ越し難民」が大量発生したという。

そのような問題があるため、運輸業界では率先して自動運転車による業務改革に力を入れている。2022年のセルフドライビングカーの出現を待たずに、まずは高速道路のみといった形で、無人トラックを有人トラックが列車のようにけん引するような運行実験を計画している。

物流業界や運輸業界にとっては4年後の自動運転車の出現は事業の救世主となる。なにしろこの年を境に、設備投資で人材不足を補えるようになる。

それまで1台1000万円のトラックを使っていた長距離運輸会社の場合、仮に完全自動運転のトラックが1200万円と高価な商品になったとしても、トータルコストは安くなる。

長距離輸送を主な業務としている運輸会社の場合で計算してみよう。1台1000万円のトラックを5年で償却するとして、年間の経費は200万円。それ以外に1人年収400万円のドライバーを2人雇うとして人件費は800万円。1台のトラックを稼働させることで合計で年間1000万円の経費がかかっていたとする。

これが自動運転のトラックなら人は要らない。同じ仕事をしても1台1200万円の自動運転トラックの年間のコストは減価償却費の240万円だけですむ。つまり運輸会社にとって新しいトラックを購入すればコストは4分の1以下と劇的に下がることになる。

先にライバル会社が自動運転トラックを導入したとしたら、他の運輸会社も一斉に自動運転トラックに切り替える必要が出てくる。そうしないとコスト競争に勝てないからだ。

こうして長距離トラック、バス、タクシーなど運転手がいない方がコストが激減する業種では、自動運転車への切り替えが一斉に進む。日本だけではなくアメリカ、ヨーロッパ、中国、ロシア、すべての先進国・新興国で自動運転車特需が巻き起こる。

仕事は消滅してもＡＩ失業を起こさない秘策

その結果、大きな社会問題が起きる。世界中で職業ドライバーが一斉に失業するのである。

わが国の場合、長距離トラック、バス、タクシーの3つの仕事に従事する労働者数は合計で123万人になる。これは宅配や引っ越しなど運転だけではなく配達の業務量の比重が大きい労働を含まない数字である。

この123万人が一斉に失業したら何が起きるだろうか。間違いなく深刻な社会問題が起きる。リーマンショックの後に派遣社員の雇い止めが社会問題になったが、あのときをはるかに上回る問題になる。

そしてこの123万人という数は政治家を不安にさせるには十分な人数である。選挙で運輸業にドライバーとして業務する人員の123万票、いやその家族や親族を含め250万票が与党に反対したら政権はもたない。

では政治家や官僚はこの問題をどう解決するだろうか？

一番簡単な解決策は「トラック輸送、タクシーやバス輸送などの業務に関わる自動車は、必ず登録された運行管理者を最低1人乗務させる必要がある」という法律を作ることである。こうすれば職業ドライバーはひとりとして失業しなくなる。

このように、仕事消滅とAI失業は社会現象としてはイコールではない。とにかく法律で公道を走る自動車は「無人ではだめ」というルールを作れば、プロのドライバーがやるべき仕事はなくなったとしてもマクロでの失業問題は議論する必要がなくなる。

もちろん、乗っているだけで仕事が楽になったドライバーの給料は以前よりも下がるだろう。ひとりひとりのドライバーはそれで困っても運輸業界は困らない。なにしろ「運転席に乗っているだけで、あとはスマホでもいじっていればいい楽な仕事」ということになれば、ドライバーの採用に困ることはなくなる。「それだったらやってみたい」という若者やシルバー人材が諸手《もろて》を挙げて求職に訪れるからだ。

乗っているだけで今日は福岡、来週は札幌、その次は四国といった具合で日本中を旅できる長距離トラックドライバーの仕事は、給料をもらいながら全国旅行ができる航空会社の社員並の人気業種になること間違いなしだ。

しかし、このような「運行管理者」が搭乗することに何の意味があるのだろうか？　そのことを深く考えさせられる、ある悲しい事故がアメリカで起きた。

ウーバーの無人走行実験車事故の衝撃

２０１８年3月18日、米国アリゾナ州フェニックス近郊の道路で無人走行実験中だったウーバーテクノロジーズの自動運転車が、車道を横断中の女性をはねて死亡させる自動車事故を起こした。これは自動運転の走行実験が始まって以来、初めて自動運転車が歩行者を死なせた事故であった。

ウーバーのダラ・コスロシャヒ最高経営責任者はこの事故を「とてつもなく悲しいニュ

ースだ」と遺憾の意を表明し、遺族への弔意と捜査機関への協力を表明した。

ウーバーは配車アプリの最大手だが、来るべき自動運転車の時代を見据えて、自動運転システムを開発し、それを自動車メーカーに販売する戦略を事業構想として描いている。

この分野で先行するのはIT大手のグーグルで、ウーバーはそれに追い付くべく、自動走行実験が法律上可能となっているアリゾナ州で実験を行ってきたのである。アメリカでは現在、このような州で1000台以上の自動運転車が実験走行を行っている。

今回の事故を受けて、警察当局が事故時のドライブレコーダーの映像を公開した。その映像を見る限り、3つの点で自動運転車の実用化に向けた課題がうかび上がる。

動画映像を見ると、この事故はアメリカの都市郊外によくある、主に自動車ばかりが走行する幅広い道路で起きている。日本で言えば郊外の幹線道路に近いが、日本の道路のように照明は多くないし、信号や横断歩道の間隔もかなり離れている。

事故に遭った歩行者はこの道路を横断しようとしていた。街灯がほとんどない道幅の広い道路を、徒歩で自転車を押しながらセンターライン方向から突然現れた様子が公開された動画にはっきりと映っている。

この事故の瞬間の動画を見る限り、暗闇の中、とつぜん車のヘッドライトが歩行者の姿を捉えるのは衝突のほぼ1～2秒前。地元警察は「人間の運転でも避けられなかった可能性が高い」とコメントをしている。

自動運転車の開発の課題として挙げられる一番目の課題は、人間が誘発させる事故はゼロにはならないという点だ。今回の事故は起きてはならない事故であり、後述するように避けられる可能性は十分にあった。しかし、これよりもさらに避けられない状況の事故はいくらでも想定できる。

たとえば高齢者による高速道路の逆走に直面したら。未来の自動運転車なら前方に逆走車がいるとわかった段階で路肩に寄せて停止するような対策は施されるはずだ。しかしその停まっている自動運転車に、人間が運転する逆走車が正面から走ってきたら事故は起きるだろう。

自動車道路と交差する陸橋の上から何らかの事情で人間が落下してきたらどうだろう。自殺か事故かはわからないが上から突然落ちてきた人間を避けるのは自動運転車でも難しい。

今回の事故に近い状況で言えば、日本では広い道路を自転車の男性が猛スピードで横切ろうとして、それを避けようとした自動車がコントロールを失って死亡事故を起こした事件があった。

事故を起こした車のドライバーではなく、突然道路を横切ろうとした自転車の男性が起訴されたことでニュースになった事件だ。時速30㎞制限の道路で走行中に真横から時速50㎞の自転車が信号無視でつっ込んできた場合、自動運転車でも止まることができるかどうかという問題である。

要するに人間が運転をしていても避けられないような事故は、自動運転車でも事故になる可能性はゼロにはならないのである。それをどこまで自動運転車は減らせばいいのか？これが第一の課題である。

第二の課題として、人間では防げない今回のような事故でも、ウーバーの自動走行車に搭載されている機器が機能していれば防げたのではないかという論点がある。

事故を起こしたウーバーの自動走行車には光学カメラとレーダー、そして赤外線レーザーの3つのセンサーが搭載されていた。

このうち光学カメラは人間の目と似たような性能だと考えれば、暗い夜道で前方を横切る女性を捉えるのは難しかったかもしれない。レーダーも主に前方の渋滞状況などを察知する目的で使われていれば突然横からつっ込んでくる対象物は検知できない可能性はあるという。

しかし、赤外線レーザーは今回のような対象物を検知するためのセンサーである。夜の暗闇は得意だし、苦手と言われる雨の日ではなかったことを考えると、赤外線レーザーが機能していればこの女性の横断は察知できなければおかしいのだ。

論理的な可能性としてはこの赤外線レーザーが故障などの事情により機能していなかったか、それとも赤外線レーザーが検知した情報を人工知能が「問題なし」と判断していたか、どちらかの欠陥から結果的に事故が起きたのであろう。

航空機などで用いられている事故を防ぐためのフェイルセイフの発想があれば、赤外線レーザーが故障している場合はそもそも自動運転走行をできなくするとか、何らかの異常検出時には少なくとも減速をさせる、ないしは停止するようにプログラムが組まれるべきである。そこをただ人工知能の学習アルゴリズムにゆだねてはいけないのではないか。

つまり、根本のところで今回の事故車は、実験車として欠陥があったのではないかという論点があり、そのような欠陥をふまえたうえでの公道実験の是非を今後どう考えるべきかという課題が存在するのである。

第三の課題であるが、実はこのウーバーの実験車は運転席に座っている実験管理者の動画も公開されている。彼は本来、運転席から前方を監視して事故が起こりそうな場合はブレーキを踏んだりハンドルを操作する役割で、運転席に座っていた。

ところが公開された画像を見ると、男性は運転中前方ではなく、何度もしきりに下の方に目をやっている。レコーダーには映っていない角度なので下に何があるのかはわからない。膝のあたりに何らかの計器があるのか、それともスマホが置かれていたのかわからないが、とにかく彼の注意が前ではなく下にいっているのだ。

そして衝突の直前に彼が目を前方に向けた瞬間に事故が起こり、彼が驚いた表情を浮かべたところで公開映像は止まっている。

自動運転が本格的に始まれば、仮に法律で「運転席に人間が座って運転の管理をするように」と法律で決めたとしても、前を向かずに運転する「運転スマホ」の管理者が続出するだろう。こういった状況下で起きた事故を誰の責任とすべきかというのが第三の課題である。

自動運転車による未来の事故をどう裁いていくか

さて、今回のウーバーの事故で「自動運転車の実用化は不可能になったのではないか？」という意見がある。自動運転車が発売されれば、遅かれ早かれ、自動運転車による死亡事故が起きる。そうなったとき、猛烈な社会からの反発が起きて、自動車行政が立ち行かなくなるのではないかという意見である。

訴訟社会であり、どちらかというとドライなアメリカ社会であれば、この社会問題は法廷に持ち込まれるだろうが、とはいえそこでさまざまな意見が出される中で一定の解決に向かうはずだ。おそらく社会的に合理的なルールができて、そのルールの下で自動運転車は発展するだろう。

問題は日本社会である。日本ではこのような問題は必ずと言っていいほど長期的な裁判へと発展する。そして当事者やその支援団体と行政や自動車メーカーとの泥沼の対立に発展し、その根底には「怨み」がうずまくことになる。

それは公害訴訟、騒音訴訟、薬害訴訟、原発訴訟など過去のどの例をとっても同じで、日本社会では避けられない問題なのだ。

論理的に考えれば、自動運転車の出現によって自動車事故は激減するはずだ。警察庁の発表によれば２０１７年中のわが国の交通事故死者数は３６９４人と過去最少だという。

1970年前後の交通戦争と呼ばれた当時が年間1万6000人前後の死者が出ていたことと比べると、交通事故死はかなり減ってきた。

レベル5の完全自動運転車が出現し、道路を走る車の95％がそのような自動運転車になった時代には、少なくとも自動運転車が引き起こす死亡事故の件数は2桁以下に減るのではないだろうか。

しかし、そこでも問題が残る。自動運転車が死亡事故を起こし、搭乗者はその運転に責任を負っていなかった場合、誰が責任をとるべきなのだろうか。

一番合理的に考えれば、自動車会社が自動運転車の販売の際にユーザーから自動車保険分を徴収し保険に入り、事故が起きたらそこから補償を行うというのがわかりやすい考え方である。

そしてそのための大きな財源は必要ではないかもしれない。わが国の自動車保険市場規模は、収入保険料で約4兆円。これだけの財源をもとに3694人の死亡事故を含む年間47万件の交通事故の補償が行われている。世の中がすべて自動運転車になれば事故の件数は10分の1以下に減るだろう。だとすれば自賠責保険の財源だけで、将来はすべての交通事故の補償ができるようになるかもしれない。

ただし、ここで新たな問題が起きる可能性はある。設計ミスや製造ミスによる事故が多発した場合である。

自動車部品メーカーのタカタが、エアバッグの設計ミスによって1兆円を超える債務をかかえたまま製造業では戦後最大の倒産をしてしまった事件があった。

もし仮に、自動運転車のある車種がソフトウェアの設計ミスにより、想定していなかったような自動車事故を多発させることが判明したとしたらどうなるだろう。当然、メーカーとしてはリコールをして、人工知能を取り替えるような対応は行うわけだ。

しかし、それによって想定していなかった人数の死者が出るような事態になったとしたら？　いったいぜんたい、自動車メーカーはそういったことに対応できるのだろうか。

このような場合にそなえて自動車メーカーは、通常の保険とは別の損害保険にも入ることになるだろう。最終的には世界最大の保険会社であるロイズのようなグローバルな保険会社群が再保険を受け入れて、そのような不測の金銭リスクについてもリスク軽減の仕組みは作られることになる。

つまり金銭的な補償の仕組みは、現在のグローバル経済の仕組みの中で構築可能なのである。

しかし結局、最後に残る問題は人間感情である。自動運転車による死亡事故への怒りを遺族はどこに向ければよいのか。自動車メーカーを呪えばいいのか、これを人工知能による殺人だとして人工知能そのものに向ければいいのか。

それとも法律を「自動運転車にも運転管理者をひとり乗車させなければならない」というように制定したうえで、たまたま自動運転車による事故に居合わせてしまった不幸なもうひとりの当事者に刑事責任を負わせるルールがよいのだろうか。

そもそも自動運転を信じて運転席に座っていた人間だって事故によるトラウマを受ける。彼だって被害者と言えるのかもしれない。こういった問題が、日本では大きな社会問題として解決までに数十年はかかる問題になりそうなのである。

AI失業か、それともAI後進国か

さて、話を「仕事消滅を容認するか、それとも法律でAI失業を防ぐべきか」という議論に戻していこう。先に述べたように、人工知能の進化によってドライバーの仕事が消滅しても、法律で「管理者を搭乗させなければ業務用の自動車の運行はできない」と定めることでＡＩ失業を防ぐことができる。それは社会全体、日本経済全体にどのような影響を与えることになるのだろう。

　このきわめて日本的な問題解決策のインパクトを考えるにあたって参考になる、これと非常によく似た法規制が行われた前例が日本にはある。それはウーバーに代表される「配車アプリ」の上陸の際に行われた規制である。

　アメリカでは今や、つかまりにくいタクシーに代わって、ウーバーやリフトといった配車アプリを用いて、スマホで車を呼び出すのがあたりまえになっている。運転手になってくれるのは近所に住んでいて時間と車を持て余している普通の人だ。運賃はアプリ上での交渉で決まることになっているが、よほどの特別な時期や場所でない限り、競争によって価格はタクシーよりも安くなる。

　中国では同じサービスを滴々出行（ディーディー）という会社が提供し、こちらも中国では大いに需要を伸ばしている。

　ところがこの配車サービスは、日本では厳しく規制されている。具体的には一般の自家用車がライドシェアの形で客を乗せる行為は白タクとして禁止されている。だから日本のウーバーでは一部の過疎地域を除いて配車されるのはタクシーかハイヤーだけということになっている。そしてタクシーしか配車されないために、日本では誰もウーバーを使わないという状態に落ち着いている。

問題は「それでいいのだろうか?」という話である。

サンフランシスコではウーバー登場の結果、それまでタクシーしかなかった頃と比較して旅客需要は5倍になったという。つまり限られたタクシー台数と高い料金で規制されていた時代にはタクシーをあきらめていた潜在需要が、5倍もあったということだ。

一方でウーバーの台頭によりアメリカではタクシー業界の疲弊が始まると同時に、その影響がレンタカー業界にも及びはじめている。アメリカでは遠く離れた都市に飛行機を使って出張に出かける人が、現地での足としてレンタカーを用いている。ところがこの出張族がウーバーの登場でわざわざレンタカーを借りなくても、ウーバーだけで現地の足の手配がつくようになってきたのだ。

それはそうだろう。夕方か夜に空港に到着し、レンタカーを借りてホテルにチェックインする。翌日は車で取引先に行って用事をすませ、レンタカーを運転して空港に戻る。それだけのことであればウーバーの方がレンタカーよりもよほど安いし、空港での契約手続きも要らない。

タクシー業界が白タクとの価格競争で疲弊する状態がいいのか、レンタカーがウーバーにとって代わられていいのかどうかについては、産業政策としては議論の余地がある話だと思う。しかし、ウーバーの上陸を阻止したことで日本経済が失ったものは潜在需要だけではない。

アメリカ、そして中国では今、ウーバーをインフラとして、経済全体がシェアエコノミーへと転換しようとしている。これまで稼働していなかった資産をシェアするという形で稼働させることで、経済全体に新たなダイナミズムが生まれようとしている。

ウーバーは、２０２２年以降の完全自動運転車が出現する社会では、世の中から９割の車が要らなくなると想定しているそうだ。実際、それによってウーバーに登録している全米75万人のドライバーたちが失業しても再雇用されるように職業訓練にも力を入れている。

自動運転車実現後の理想社会では、車の数がそれだけ減って、その分、エネルギーの消費量もおさえられる。一方でウーバーで呼べば、近所に待機している空《から》の自動運転車がすぐやってきて、安い対価で行きたい場所まであなたを運んでくれる。

新しいテクノロジーによる新しいエコ社会。より便利で、より資源効率がよい社会。それはあっという間に全世界に広がっていくだろう。パリ協定によって脱CO_2社会を目指す国際社会にとって、それは明らかに望ましい方向だ。

一方でウーバーに対する規制を維持する日本はそのグローバルな経済のダイナミズムから置き去りにされ、大量の車がCO_2を排出する社会として国際社会からの批判にさらされ、古いテクノロジーに固執するガラパゴスな経済社会へと堕《お》ちていく可能性があるのである。

水面下で進められる「AI医師」の開発

自動運転車に続いて、人工知能のナレッジワーカー、つまり高度な専門職はいつ頃登場するのだろうか。

第1章でも述べたように、弁護士、会計士、医師といった高度な専門知識と卓越した頭脳が必要な仕事は、意外と早い時期に人工知能にとって代わられる可能性がある。

先に紹介したように、中国では現在進行形で人工知能医師の開発が進んでいるそうだ。当面の開発ターゲットは開業医や内科医の仕事になるらしい。外科医や歯科医のように口ボットとの組み合わせが必要な分野ではなく、看護師や医療機械のオペレーターの補助さえあれば診断も治療も完結する内科の分野が最初の開発には向いているということだろう。

この医師の仕事を人工知能にまかせるためには、グーグルのアルファ碁やIBMのワトソンと同じ「強いAI」が必要になるという。そして開発ターゲットとしては囲碁のプロ棋士を負かすことや自動車を安全に運転させることよりも、開発者が乗り越えなければいけないハードルは高いという。

たとえばそもそも最初の段階で「風邪をひく」「頭がずきずきする」「お腹がしくしく痛む」といった症状があるということを学習する必要がある。グーグルの人工知能が2012年に猫と猫ではないものを見分けたように、「のどが痛い人」と「のどが痛くない人」の違いを学習するところから始める必要がある。

とはいえ、人工知能の医師は学習の途中から成長スピードは人間の医師よりも速くなる。なにしろ教科書を学ぶスピードも速いし、記憶できる知識量も人間よりも大きい。人間の医学生は大学で6年間学び、その後、研修医として大学病院などで実務に携わるが、少なくとも知識や経験を重ねるという意味では強いAIの経験獲得スピードの方が速い。

途中からは自分自身を多数に分割して、同時期にたくさんの病院の現場で実地診断を繰り返すこともできるからだ。

当然、医学者の論文を読むスピードも人工知能の方が速い。通信インフラさえ整っていれば、全世界で開催されるすべての医学会に出席することすら可能だ。人間の医師が製薬会社のMR（医薬品の営業マン）を通じて新しい治療法の情報を受け取るよりも、人工知能の方がはるかに新しい医療情報のキャッチアップは速いだろう。

さらにハードウェア性能で言えば、人工知能医師は赤外線センサーなど人間の目には装備されていない道具まで使うことができる。患者の顔色を見て診断する際に、皮膚の下の血管の様子まで見ながら、病状を診断することができるようになる。

しかしながら人工知能医師が完成するまでには、まだ何年かの時間はかかるはずだ。今、本格的に投資を始めているとしても、人間の医師だって医師としての資格を得るまでに6年かかることを考えれば、今年や来年に人工知能医師が突然出現するわけではないと思う。

けれども医師としての能力を身につけた人工知能がひとたび誕生すれば、あとはさまざまな医療の現場でダウンロードしてコピーするか、クラウド上の医師機能を利用すれば、診療を行うことができるようになる。

実際には完成形としては医師が不在の医院や診療所を訪ねてきた患者に対して、看護師がオペレーションを行うイメージになるのではないだろうか。人工知能医師のカメラに向けて患者に座ってもらい、合成音声による問診に答えてもらう。

体温を測ったり、聴診器を患者の胸にあてるのは看護師の役割だ。しかしそういった患者の情報さえ得られれば、一番重要な診断は人工知能が下してくれる。

「心配ありません。ただの風邪のようです。風邪薬を処方しておくので1～2日の間安静にお過ごしください」

とか、

「B型インフルエンザの検査結果が陽性です。他の方にうつさないように1週間ほど仕事を休んで治療につとめる必要があります」

といった具合に、症状とデータから診断と治療方法を人工知能医師が導き出してくれるようになる。もちろん場合によっては、

「これはあくまで可能性ではありますが、脳の血流が血栓で止められていることが原因でそのような特別な症状が出ている可能性があり得ます。一度、CTで精密検査をする必要

があります。大学病院を紹介しますので、そちらで診察を受けてください」

といったように、専門医に受け渡すことになる場合もあるだろう。

要するに、今、日本でいわゆる開業医という人たちが行っている診断や治療については、近い将来、専門型の人工知能にとって代わられる可能性があるという話である。しかし日本ではまず間違いなく、このような人工知能医師の出現で医者がＡＩ失業する事態は起こり得ない。

その理由は日本医師会の政治力が圧倒的に強いからである。日本医師会とは要するに開業医の団体であり、その集票力の高さから政治家たちはそのパワーを軽視することはできない。

たとえ世の中に人工知能医師が誕生して、その診断能力が人間の医師よりもはるかに高いとしても、日本の法律は、最終的な診断は人間の医師しか下すことができないし、処方箋も人間の医師しか発行することができないという法律になるはずだ。

第1章でも触れたが、私が聞いた話では、今、一番先端的な人工知能医師の開発を進めている国は中国であり、開発の推進母体は大手保険会社で、すでに1兆円規模の予算をつぎ込んでこの開発を進めているという。

　理由は、このままでは中国の医療保険制度がパンクしてしまうからだという。そしてそうならないための方法は予防である。病気というものは予防段階や初期段階できちんと患者が医者にかかって、病気が悪化しないように節制につとめるのがよい。

　とはいえ医療に関わる保険コストを下げるためには、保険会社から見れば国民がなるべく医者にかからない方がいい。

　この矛盾を解く簡単な解決策は、病院に行かなくてもスマホに向かって症状を話せば、病名がわかったうえで処方箋も書いてもらえるという方法である。この方法が普及すれば病院は閑古鳥《かんこどり》が鳴いてしまうかもしれないが、保険会社からすれば支払うべき医療費は激減する。

　そして中国の場合、国家が「こうしなさい」と命令すれば実際にそういう世の中になる。だから若い人たちは病院に行かずに人工知能で治療法を診断してもらう。病院に行くのは施術が必要な高齢者だけだという、ある意味で生産性の高い医療分業体制ができ、医療制度がパンクしない医療先進国家が出来上がる。

　そう考えると、この分野でも医療システムがきちんとまわって国民が健康で幸せに暮らせる中国と、国民の高齢化で医療保険制度が破綻《はたん》寸前の日本では、医療面でも状況が逆転するだけでなく、さらに格差が広がっていく可能性が危惧されるのである。

AI失業は日本経済にどれほどのインパクトを与えるか

この先の近未来において世界では自動運転車に続いて、AI医師、AI弁護士、AI会計士などがつぎつぎと登場するだろう。そのたびに日本の行政はそれらの新製品・新サービスを禁止し続けることになるのだろうか。

そうしてそのことでたとえ日本の雇用が守られたとしても、日本は人工知能後進国になるのではないか。

このことについての根本的な議論をすべきタイミングは、実は今しかない。本当に雇用がなくなってはいけないのか？

仮に専門型人工知能がこのまま発達したら、事務職と頭脳を使う専門職の仕事が消えてしまうだろう。そうしたらおそらく雇用全体の半分の仕事が消滅することになる。

一方で人間の仕事を奪う人工知能の導入コストは10分の1程度だと仮定する。その前提で、日本のGDP（国内総生産）はこの仕事消滅でどの程度減少するのだろうか。

２０１７年のＧＤＰは約５４４兆円である。〝概算〟ということで、荒っぽい計算方法はお許しいただきたい。労働分配率70％をＧＤＰにかけてこれを日本全体の人件費の概算数値だと想定する。それは約３８０兆円。その半分の仕事が消滅して、10分の１のコストのＡＩに置き換わるという前提で計算してみる。すると概算数値でＧＤＰの減少分は約１７０兆円になる。

人工知能によるＡＩ失業が蔓延すればＧＤＰは激減する。インパクトとしては、年収が今のレベルからさらに３割減ることをイメージしてほしい。年収４００万円の家庭では、それが年収２８０万円になる。

これだけの規模でＧＤＰが激減しても経済成長できるのは、グローバル市場にＡＩを輸出できるＡＩ大国だけだ。アメリカや中国が狙っているのはまさにそのＡＩ大国の座である。

一方で日本が法律によってかたくなに人工知能の導入や輸入を禁じていくとどうなるか。おそらく経済は徐々に縮小していくが、１７０兆円規模でのＧＤＰ減までには至らないだろう。

それはおそらくゆでガエルのような経済社会になる。よく知られたたとえ話で、カエルを熱い湯に入れると飛び出して逃げるが、ぬるま湯に入れて徐々に熱していくとゆで上がって死んでしまう。

日本経済にはこれから先、毎年１００万人のペースで新たなＡＩによる仕事消滅が起きるようになるだろう。一時的なものではなく毎年毎年、新たに１００万人規模で仕事が要らなくなる。

そして対策としてその仕事消滅を法律で禁じていく。自動車の運転は〝自動車運転管理士〟が行わなければいけない。病気の診断にＡＩを利用するのは医師でなければいけない。土地の登記の書類はＡＩが作成したものに行政書士が印鑑を押さなければ登記を受け付けない。

最終的にはロボティック・プロセス・オートメーション（ＲＰＡ）による事務処理の削減を禁止するのが、国民全体の仕事の量を確保するには重要だろう。だから事務処理作業はＡＩではなく人間の〝事務処理士〟が行うべきだと法律で明記しよう。

そうやって付加価値が低くてくだらない仕事をたくさん残していく。人生がそれで楽しいかどうかはさておいて、労働政策としてはこの方法で意外と効果が出るはずだ。もちろん、人工知能の仕事を追認するだけの仕事だから、弁護士も医者も会計士も年収は大幅に下がるはずだ。だがそれでも仕事を人間の手の中に残すことでＧＤＰの減少分は30～50兆円程度におさえることができる。その方がずっとましな未来だと考える官僚や政治家は多数派になるのではないか。

ＡＩと人間を「同一労働、同一賃金」にする

しかしここで考えるべきは「それ以外の選択肢は本当にないのか？」ということだ。未来についてＧＤＰが１７０兆円減る未来と、50兆円減る未来のどちらがいいか？　それを二択しかない問題だと捉えるから「人工知能による仕事の侵略を法律で禁止して、ＧＤＰの減少を50兆円以下におさえる政策がいい」と判断してしまう。

ところが、実は理論的にはもっとよりよい政策が存在する。そして人類が今、検討すべきなのはその政策であるはずだ。

状況を俯瞰《ふかん》して捉えていただきたい。今から10年から20年後の未来。そこでは人工知能やロボットが人類の仕事の半分をこなしている。

だから人間の労働時間は今の半分に減っている。１日４時間、週５日間労働か、１日10

時間で週2日間労働が普通で、人間の余暇時間がものすごく増えている。そしてわれわれはこの余暇時間を活用して、歴史上かつてなかったぐらい人生を謳歌できる時代がやってくる。

人工知能が人間の仕事の量の半分を肩代わりしてくれて、トータルの日本経済が生み出す付加価値の量は変わらない。経済は今と同じ規模できちんとまわっていく。かつて手塚《てづか》治虫《おさむ》がマンガ『鉄腕アトム』で描いたような、ロボットや人工知能と人間が共存し繁栄した未来。

このような幸せな未来を実現するための経済学的な条件は何か？　それはGDPの減少分と等しい170兆円のベーシックインカムが国民に提供されればいい。ひとりあたりにすれば140万円のベーシックインカムが毎年等しく、生活のための基礎収入として国民ひとりひとりに提供される。そうなれば働く時間は今の半分でも、今と同じ生活水準の暮らしが成立する。

問題はその170兆円の財源だ。あたりまえのことだが、日銀が輪転機を回して170兆円の紙幣を刷るという解決策は論外だ。そんなことをすればハイパーインフレが起きるだけである。

今ですら年金や医療費の数兆円から十数兆円レベルの財源問題で腐心している国に、その不足分をはるかに上回る１７０兆円もの新規の財源を作れというのは途方もないことに見える。しかし、今、考えるべきことはまさにこの巨大なベーシックインカム財源を実現するための、考え方の一大転換なのだ。

私はこの問題の解決策として、以前から人工知能と人間を「同一労働、同一賃金」にして雇用者が人工知能に対して給料を支払うことを主張している。人工知能が人間の仕事を10分の1以下のコストで奪うから、経済が縮小してしまうのだ。そうではなく、自動運転車のタクシーがタクシー運転手の仕事を奪うたびに、それと同等のお金を国がタクシー会社から徴収すればよい。

たとえば仮にタクシー運転手の平均年収が４００万円、１時間あたりの給与が２０００円だったとすれば、無人の自動運転車のタクシーについてもタクシー会社は稼働１時間あたり２０００円を国に支払うのだ。

そうすれば人工知能が運転する車も、タクシー運転手が運転する車もコストは同じになる。人間が人工知能と同じ水準で競争できる。

タクシー以外でも人工知能が人間の仕事を奪う職場では、その人工知能の働きを人月換《にんげつ》算して国がお金を徴収するようにする。そうすれば人間の仕事が人工知能に奪われるたびに、巨額な財源が国に集まるようになる。

仮に人工知能が人類の仕事の半分を奪う日が来ても、この考え方なら失われたＧＤＰと同じ規模のベーシックインカム財源が出現することになる。国が人工知能の労働から徴収した賃金プールは、失われたＧＤＰと同じ規模になるからだ。それを等しく国民に分配すれば、われわれの労働時間は20年後には今の半分になるけれども、われわれの生活水準は今と変わらない。

医師も弁護士も事務員も、そして建設作業員もコンビニ店員も印刷所の工員も、等しく余暇時間を増やして、旅をしたり絵を描いたり、お酒を飲んだり愛を語ったりできるようになる。みんなが週２日労働でも日本経済がまわるようになる。

実は今、世界全体で議論を始めるべきことは「仕事をいかにＡＩ失業から守るか」ではなく、「これから必要になる巨大なベーシックインカム財源の用意をどうやって始めるか」なのである。

第5章

人工知能が作り出す「便利だけど怖い」未来
――あなたの「選択」はいかに操作されていくか

新しい人工知能ペット

新しい2018年型のaibo《アイボ》が話題だ。ただし、この章の前半部分の話題の中心になるのは復活したソニーのペットロボットの話ではない。多くの家庭にすでに浸透を始めていて、ソニー製品よりもずっとたくさん売れていて、そしていずれ犬や猫に代わって一番かわいがられるペットになる可能性のある製品についての話をしたいと思う。

とはいえ人工知能ペットのブームが起きる前夜に登場したという意味で、今回のaiboについてもその意義をきちんと整理しておきたい。今回、ソニーが12年ぶりに発売したaiboには3つの意味がある。

ひとつ目のポイントは「機械学習」である。今回のaiboの人工知能は学習をするのだ。どのようにふるまうと飼い主が喜んでくれるのか、どのようなポーズがウケるのか、aiboは日々、飼い主の反応を凝視しながら学んでいる。

そしてその学習結果はクラウド上にアップロードされる。実は日本国内で販売される何万台かのaiboたちが学習した結果はクラウド上に集約され、分析され、その学習結果はダウンロードされて共有される。だから自宅のaiboは日々、かわいく育っていく。これが12年前にはなかった新しいaiboの特徴である。

ふたつ目のポイントは「リカーリングビジネスモデルの導入」である。新しいaiboは19万８０００円（税別）で購入して終わりではない。携帯電話の契約と同じで本体の代金に加えて、月々の利用料がかかる。これはaiboベーシックプランといって、月々２９８０円の支払いを3年間続ける必要がある。

これはソニーの説明では「届いたばかりではまだ何も知らないaiboが、日々の触れ合いを通じて、あなたの唯一無二のパートナーとして成長するために」必要な費用ということだが、ビジネス的に言えば「売り切りではなく、aiboというサービスの利用からもお金を取る形式」ということである。

しかもこの２９８０円という利用料が絶妙だ。これは犬や猫などリアルなペットの飼育にかかる月々のペットフードやグッズの費用よりも安い。今回のaiboのビジネスモデルは、家計に対して新しいタイプの出費を、どこまで、そしていくらまでなら納得させることができるかという意味でとても興味深いのだ。

最後の３つ目のポイントだが「イノベーションにおける30年の法則」の中で、今回の

aiboはどの時期の商品なのかという論点がある。

画期的なイノベーションが世の中を変えていく際に「30年の法則」と言われるものがある。ペニシリンでも、自動車でも、パソコンでも、世の中を変える画期的な発明品は、登場してからそれが世界をすっかり変えてしまうまでには30年の時間がかかるというものだ。

最近の例で言えばデジカメが世の中を変えるまでにはちょうど30年かかった。デジカメが最初に世の中に登場して人々を驚かせたのは1981年のことだ。プロトタイプ的な商品としてソニーから発表されたマビカである。ビデオと同じように写真をアナログ情報として読み込んで、フロッピーディスクに記録する。

このマビカが発表された当時、これで写真の世界が変わると激震が走った。しかしそれからほどなくしてマビカは世界の話題から消えていく。周辺技術がまだ追いつかず実用化できなかったのだ。

そして実用的な商用デジカメが市場に登場しはじめるのはそれから15年くらい後のことである。デジタルカメラの画像センサーの性能が向上し、記録用のフラッシュメモリの記憶容量が実用レベルに達し、ウィンドウズパソコンやインターネットが普及してデジタル画像の活用の場ができてようやく、デジタルカメラは商用化された。

しかし、発売直後のデジカメに対する世間の評価はそれでも冷たかった。「あんなのはおもちゃだよ」と。画素数38万画素のデジタルカメラは確かに銀塩フィルムの写真の画質と比べられるほどの画質を生み出せていなかった。

ところがここで問題にしていただきたいのは、それからの進化の速度の速さだ。デジカメはその後、あっという間に性能を上げていく。２０００年代に入ると画素数は４００万画素を超え、やがて一眼レフのデジカメは銀塩カメラに性能で追い付き、その後工程の画像処理やプリントの利便性ではフィルムを追い越すことになる。

そしてマビカが発表されてから約30年後、世界最大のフィルムメーカーだったイーストマン・コダックは経営が立ち行かなくなり破産申請を行った。

それと同じことを１９９９年に登場した旧型AIBOで考えるとどうだろう。鳴り物入りで発売されたAIBOは、やがておもちゃメーカーから発売された無数の模倣型ペットロボットに押され、市場競争力を失い消えていった。今回復活した新型aiboも、発売当初は犬や猫のペットたちと比べ「結局はおもちゃだよ」とさげすまれながらの船出になるだろう。

しかしイノベーションの30年の法則を甘く見てはいけない。おもちゃのペットは急速に性能を上げていく。今回のaiboは１９９５年のデジカメと同じ立ち位置の商品だ。だからこれから10年先、まさかと思っていた状況になる。つまり犬や猫たちよりも人工知能のペットの方がかわいい存在になっていく可能性があるのだ。

世界最大の人工知能ペットメーカーになる企業

さて、冒頭で予告した通り、そのときに世界最大の人工知能ペットメーカーになっているのはソニーではないかもしれない。実際、すでにソニーのaiboよりももっと多く売れている別の製品が、現実の犬や猫の地位をおびやかしている。

それはアマゾンから発売され、すでにアメリカでは多くの家庭に浸透している。アマゾンのスマートスピーカー「エコー（Echo）」である。アメリカではこの「エコー」に搭載されている人工知能アレクサに対して、家族の一員としての愛情を感じる人が続出している。

アレクサは人間が話しかけると、家の家電のスイッチを入れてくれたり、音楽を流してくれたり、キンドルで読みかけの本があれば朗読もしてくれる。

その性能はまだつたない。本の読み上げはまるで機械のように稚拙で、言葉の発声はたどたどしい。

しかし、特にひとり暮らしの人間にとっては、帰宅してから話しかけることができるアレクサは、プライベート空間での家族としての感情を生じさせる存在になりはじめている。

実際、アメリカではスマートスピーカーに自作の服を着せる人が増えはじめている。おそらくスマホケース同様に、これから先、スマートスピーカーケースがたくさん発売されるようになるだろう。そのケースは擬人化されたり、動物やアニメキャラのような外見へと発展していくのではないだろうか。

そしてアレクサの人工知能としての性能は、人間の話し相手として年々進化していくだろう。その過程でアレクサに対する人間の感情は、おそらくふたつ別々の方向へ同時に発展していくはずだ。

ひとつはより実在する人間のパートナーに近い方向。ひとり暮らしの女性なら、まるで同居するパートナーのような存在へと心の中で進化していく。何かを頼めば気の利いた同居パートナーのように仕事をしてくれる。それでいてさびしいときには話を聞いてくれたり、気がめいっているときはなぐさめてくれたりする。そうしてアレクサはどんどん擬人化した存在になっていく可能性がある。

実はこのスマートスピーカーの擬人化効果に注目する業界がある。それは介護業界だ。まだ限られた実験段階のエピソードではあるが、スマートスピーカーに向けて話しかけるようになると、介護施設の高齢者たちの気がまぎれる効果があるというのだ。

これは単なるスピーカーの形をしている場合よりも、たとえばソフトバンクのロボットのペッパーくんのように外見が人間のロボットの方がより効果が高いらしい。部屋にペッパーくんがいて高齢者の話を聞いてくれるようになると、介護士の負担も軽くなるという。高齢者たちが介護士に求めているのは少なからず話し相手としての役割だからだ。

今後、開発が進んでいくと、会話ができるスマートスピーカーは介護士の仕事の一定の部分を分担してくれるのではないかと期待されている。

一方で、さきほどスマートスピーカーがひとり暮らしの女性の話し相手として疑似同居パートナーとなるという話をしたが、当面のところはいくら本人が人工知能スピーカーを人間のような存在に感じたとしても、能力的にはあくまで疑似人格以上には発達できない。

その理由は、現在の人工知能は汎用型の学習能力を獲得できていないからだ。話しかけてくる女性がなぜ悲しい思いをしているのか、なぜ今日は特別にうれしかったのか、なぜ不安な気持ちにさいなまれているのか、それはこの先10年では人工知能は学習することはできない。

人工知能ができることはひたすら話を聞いてあげることと、相手の感情を学習したうえでそれらしい、相手の今の気持ちにふさわしい返事をサーチして返してあげることだけである。

ただ私のような男性は、このような人工知能の限界能力を過小評価しているかもしれない。私にはさっぱり理解ができないが、心理学者によれば「女性の相談を聞くには親身になって一緒に考えてあげる必要はない。ただひたすら話を聞いてあげればそれでいい」というアドバイスがある。

私はコンサルタントという仕事柄、相談を受けたら解決策までを一緒に考えてあげないと相談にのった気持ちがしないのだが、恋愛コンサルタントのアドバイスによれば、そんなことをしても男女の距離は縮まらないという。

そしてただひたすら相手の話を聞いてあげるのであれば、私よりも人工知能スピーカーの方がフィットするはずなのだ、たぶん。

同じ理屈で、介護施設では外見が人間の姿をしたスマートスピーカーが、高齢者たちの日々の話し相手として活躍してくれるだろう。

高齢者たちの話を聞いて頷いてくれるのもいい。得意の落語を披露したり、リクエストに応えて美空ひばりの合成音声でアカペラで歌を歌ってくれたり。そうやってスマートスピーカーは孤独な人間の心のすき間を埋めてくれる存在として活躍するようになるだろう。

しゃべるペットのヒットの条件

そしてスマートスピーカーのもうひとつの進化の方向は「しゃべるペット」への進化だ。それはいろいろ日常の便利なことを手伝ってくれる存在だが、話す語尾には必ず「にゃー」とか「みゃー」とかがつくようになる。

持ち主はそのスピーカーにアニメキャラのような着せ替えのスマートスピーカーケース

を着せるだろうし、たぶん、新型のスマートスピーカーには足がついて、ご主人さまが部屋を移動するとぴょこぴょこ後からついてくるようになるはずだ。

キッチンに移動してビールをあさっていると、アレクサがご主人さまにおいていかれまいと後からついてくる。

「なんだ、おまえもビールが飲みたいか？」

と訊くとうれしそうに「飲めたらいいにゃー」とつぶやいてくれる。それでいて、

「おや、冷蔵庫にあるビールが最後の１本だな」

と話すと、「じゃあアマゾンでビールを注文しておくにゃ」とちゃんと生活の手伝いもしてくれる。

この進化の方向は、さきほど述べた疑似人間化以上にマーケットがでかい可能性がある。それは現在、国内で約１８００万匹（犬猫のみの数字）が飼育されているペット市場をそのまま代替する可能性があるからだ。そしてスマートスピーカーのこれから先10年ぐらいの間の進化の限界内で対応ができる類《たぐい》の進化でもある。

さらに言えば、人間よりも少し劣った人工知能の方がかわいい。

実際、話し相手として考えれば今から10年後ぐらいまでのスマートスピーカーは「にゃ

ー」とか「みゃー」とか言う割には、核心をついた話はまったくできない。

「なんで今日、オレはあんなにあいつを怒らせたのかなあ」と訊ねてみても、そして仮にその現場にスマートスピーカーが居合わせていたとしても、スマートスピーカーには複雑な人間心理の理由なんて何にも理解できないので、そのような話し相手としてはまったく役には立たない。ただ「元気を出すにゃー」となぐさめてくれるぐらいだ。

しかしある種の得意領域では、家にいるリアルな犬や猫よりも活躍できる。「あしたのデートでなんとかリカバーしたいなあ」と言うと「いいお店があるにゃ」といい提案をしてくれるだろう。

そして自宅のGPS情報、ふだん出歩いてる先のGPS情報、食べログの点数や口コミ内容、そしてあなたの銀行口座の残高などの情報を集めることで、あなた以上に的確なデートスポットのサーチをする。そのような能力なら、ペット型とはいえスマートスピーカーの本領が発揮できる。

スマートスピーカー型のペットは、日ごろから彼女に取り入ってくれている可能性もある。あなたの知らない彼女のインスタグラム履歴をスマートスピーカーのペットはちゃっかり仕入れていて「このアクセサリーをプレゼントすると、たぶん彼女は喜ぶにゃ」と教えてくれるかもしれない。

番犬としての役割も犬よりも上手《うわて》だろう。誰か見知らぬ人が家に入ってきたら「どろぼうが来ているにゃ」と、ご主人さまや警察にすぐさま通報してくれるだろう。うっかりやかんを火にかけたまま外出してしまうと、対処をしたうえで「火を消しといたにゃ」と連絡もしてくれる。

私はこのような人間の言葉をしゃべる人工知能のペットが人間社会に溶け込むとしたら、今から10年の間がひとつの勝負のタイミングだと考えている。人工知能があまりに頭がよくなりすぎたら、それはペットとしては感情移入しにくいからだ。

今から30年後、本当はわれわれよりもずっと頭がよくなった人工知能が、あたかも少し劣ったようなペットの外見をした存在として近づいてきたとしたら、人間には気持ち悪いはずだ。一方でただ何もわからないまま、プログラムされた動作だけを行うような１９９９年頃のペットロボットでは、それはそれで味気ない。

人工知能がいい感じで人間のレベルに近づいてきていて、それでいてまだ人間よりも頭が少し悪いぐらいの時期。それが人工知能ペットが人間社会に一番溶け込みやすいタイミングではないか。だからまさに今がそのタイミングの始まりなのだ。

この章の冒頭で述べたように、私はこの分野で勝者の候補は一番がアマゾン、二番目にグーグルといったアメリカ企業が入ってくると考えている。ただしこれをスマートスピーカーの競争と考えるか、人工知能ペットの競争と考えるかで未来の勝敗は変わってくるかもしれない。

人間よりも少し頭が悪くて、それでいてかわいくて、少し役に立つ。そういうしゃべれるペットロボットの開発であれば「強いＡＩ」は必要ないかもしれない。もしそうだとすればソニーだって、この分野の勝者の一角に食い込んでいける可能性はある。私はその可能性も信じたいと思う。

スマートな人工知能が提供してくれる「素晴らしい？未来」

さて、ここからはペットの話からは少し離れて、スマートスピーカー自体の本来の機能がどこまで進化をしていくのかを論じてみたい。

スマートスピーカーはあなたの家で暮らしていくことで、あなたのことを次第に学ぶようになる。

アマゾンの音楽ストリーミングサービスの「Amazon Music Unlimited」というサービスがある。４０００万曲以上のラインナップからストリーミングで音楽が聴き放題になるというサービスだ。

一般の月額９８０円、プライム会員は７８０円、そしてアマゾンのスマートスピーカー「エコー」を所有している人は３８０円と、いずれにしても音楽ＣＤを購入するよりも割安なプランになっている。

私の知人にこの「Amazon Music Unlimited」のヘビーユーザーがいるのだが、とにかく居心地がいいらしい。

スマートスピーカー「エコー」の人工知能アレクサに向かって、私の世代で言えば「中森明菜を聴かせてくれ」と頼めばアーカイブの中から探してかけてくれる。そうやっていろいろと好きな曲を聴いているうちに、そしてじっくり聴く曲やスキップする曲の傾向が集まってくることで、次第にアレクサはご主人さまの趣味を理解するようになってきて、ご主人さまがより好みそうな音楽を見つけてくれるようになる。

その能力はこれから数年間で飛躍的に向上するだろうと言われている。

たとえば今は単に曲の好みしかわからない人工知能も、もう少し先の未来ではあなたのそのときの気分に合わせた音楽の好みを学習して、それに合わせた曲を流してくれるようになる。

夜眠る前には心が落ち着ける音楽を、気分が乗っているときにはアップテンポの音楽を、それぞれあなたの好みに合わせて選んでくれるようになるだろう。

余談だが、私は以前、ある大企業の経営者からアドバイスを受けて、朝仕事に行く際には気分が盛り上がるような音楽を聴きながら職場に出かけることにしている。私が聞いたアドバイスは「どんなに気持ちが浮かない日でも会社に到着した瞬間から臨戦態勢に入れるように、私は社用車の中で行進曲を聴いているんだ」という話だった。私はその考え方を応用して、クライアントと会う仕事の直前にはドラマの『太陽にほえろ!』の「ジーパン刑事のテーマ」を聴くようにしている。

次のスケジュールをサキヨミしながら、それぞれの局面で気分をリセットするような音楽の選択は、近未来の人工知能アレクサの得意な仕事になるはずだ。

そしてスマートスピーカーは音楽だけでなく情報のストリーミングでも、そのときのあなたの状況にぴったりの情報を選んでくれるようになる。朝、仕事に出かける途中であれば日経新聞やウォール・ストリート・ジャーナルの中からあなたに合った記事情報をセレクトして、あなたの聞きたいスピードで読み上げてくれるだろう。

あなたのスケジューラーにアクセスできるスマートスピーカーは、あなたのスケジュールに合わせて情報を変えてくれるはずだ。夜、友人と合流する前であれば、気の利いた話ができるように週刊文春や週刊新潮を読み上げてくれる。週末の買い物の直前には、あなたが興味をもっている最新のデジタル一眼レフカメラの情報を教えてくれるだろう。

もちろん文字情報、音声情報だけでなく動画情報も同様の観点からコントロールしてくれるようになる。

そもそも10年後の未来に地上波のテレビとアマゾンビデオやAbemaTVのようなビデオストリーミングサービスのどちらが主流になっているのかはわからないが、スマートスピーカーはそのどちらの未来でも対応できるはずだ。

選局にあたってはあなたの好みだけではなく、あなたのＬＩＮＥ仲間の情報、ないしはあなたによく似た嗜好をもつ見知らぬ人たちの情報をクラウドで共有しながら、あなたが今この時間に観るべき番組を提案してくれるはずだ。

「この新番組のドラマは観ておかないと。あなたの友達との間で絶対に話題になるはずだから」とか「このビデオ番組はきっとお気に入りになるはず」といった具合に、今晩観るべき番組を自分で選ばなくても、つぎつぎとスマートスピーカーが提案してくるようになる。興味をもてば観ればいいし、興味がもてなければチャンネルをザッピングするように次の動画に移ればいい。

こうしてスマートスピーカーの人工知能が提供する情報は、あなたにとってなかなかに居心地のいい未来を作り出してくれることになる。そしてその便利さはあなたのライフスタイルを180度変えてしまうかもしれない。

映画『トレインスポッティング』の冒頭で、主人公が「人生は選択だ」という印象的なセリフから話しはじめるシーンがある。人間の人生はとにかく毎日、何かを選ばせる。人生が選択の積み重ねで成り立っているという哲学的な考え方である。

1996年制作のこの映画は、しかしその直後にインターネット社会が始まったことで、その言葉のもつ意味が変質しつつある。実際、2018年を生きるわれわれは、自分で気づかないうちに選ぶべきものの範囲をあらかじめ狭められている。

日ごろは、世の中の話題にキャッチアップしているつもりでいても、それはヤフトピ（ヤフートピックス）のトップに選ばれた8つのニュースの中からひとつの話題を選んでクリックしているだけかもしれないし、昨日のテレビ番組の話題を知っている理由もその番組を観たからではなく、ニュースサイトで「あのタレントのこんな発言が人気になっている」という記事をなぞって理解しただけである。

この先、スマートスピーカーが進化すればするほど、あなたは自分で選択をする習慣をなくしていくだろう。ないしは「必要ない」「次！」「別の」という言葉を発するというだけの選択が自分が行う作業になる。気づかないうちに自分の過ごす日常の世界は狭く、小さく、そしてあなた向きに整えられていくことになる。それが人工知能が作り出す居心地のいい世界ということなのである。

スマートな機械の本当のご主人さまは誰なのか

さて、この章の後半部分では未来について怖い話もしておこう。

スマートフォンやスマートスピーカーが進化して、あなたの生活を楽にしてくれる。彼らはあなたのことを学び、あなたにぴったりの毎日を提供してくれるようになる。

しかしそれらの人工知能はどこで儲けているのだろうか？　月額９８０円や４９８０円で使えるその便利でスマートな機械は、あなたのことを学びながら他のことでも儲けているかもしれない。

今のところ誰もがなんとなく認識している「無料サービスの対価」は広告である。無料で、ないしはとても安い値段で快適さを提供してくれるこのようなサービスの裏には、なんとなくうっとうしい広告が表示される。それは少々うっとうしいが、まあ仕方がないぐらいの存在だ。そうわれわれは認識している。

5年後、10年後にはこのような広告は今よりもスマートに、つまり賢くなっているはずだ。スマートフォンやスマートスピーカーの便利さとひきかえにあなたのスケジューラー、あなたの検索履歴、あなたの購買履歴、あなたの銀行残高、そしてあなたの今の気持ちを的確に把握したスマート広告があなたの生活に侵入してくる。

それはあなただけではなく国内であなたとよく似た数百万人の人たちがどういう情報に対してどう反応するかというビッグデータについてもきちんと学習している。

たとえば、あなたがなんとなく「そろそろ車を買い替える時期かな」と思いはじめた頃に、少しずつ巧妙に、新しい車についての情報を提供しはじめるだろう。

そういった情報がなければ今乗っているトヨタの同じような車を買うつもりだったあなたは、知らないうちにマツダの小型ディーゼルエンジンのエコさに関心をもちはじめているかもしれないし、スバルの快適なドライブアシスト機能を一度試してみたいと考えはじめているかもしれない。

古い、つまりスマートではない時代のインターネット広告は、一度何かを調べるとその分野の広告がブラウザ上の広告スペースにあふれるものだった。マンションについて調べたらブラウザはマンションの広告ばかりに、新しいスキャナーを買う前に調べたら購入した後もそのスキャナーの広告ばかりが目に入るという状況だった。

５年後、10年後のインターネット広告は、スマートにあなたの心理の動きを学習しながら、巧妙にあなたの「選択」に影響を与えていくはずだ。

さらにもう一段怖い話もしておこう。「スマート」と名がつく人工知能は、あなたの能力を評価するようになる。

あなたが他の人と違って情報弱者だとか、お金にルーズで無駄な買い物が多いとか、あなたが他人には知られたくないあなたの欠点を、彼らは賢く学習していくだろう。

スマートな製品はあなたのことをサービスするご主人さまのように扱ってくれるが、その製品の本当のご主人さまはネットの向こうにいるＩＴ企業である。あなたは国内に存在する数百万人の「新しい健康食品を高値であってもついつい買ってしまう、うかつな人のひとり」として人工知能に特定され、ＩＴ企業に通報されてしまうかもしれない。

「いや、わたしは情弱でもルーズでもないから大丈夫」

そうあなたは考えるかもしれないが、どんな人間にも弱点はある。娘の笑顔には弱い。霜降り牛肉の画像には弱い。スタジオジブリの新作には弱い。そしてちょっと怪しいけど魅力的な投資話には弱い。あなたの弱点はスマートな機械にすべて的確に把握され、特定され、マザーコンピュータに通報されてしまうはずだ。

それをあなたは「広告」だと気づきさえしないだろう。自分で選択したたまたま見ていた旅に関するビデオの中で、九州の温泉とそこで提供される黒毛和牛に自分で関心をもち、妻と娘をそこに連れていったらさぞかし喜ぶだろうなと自分で考える。

ちょうど同じタイミングであなたが投資していた投資信託が思ったよりも値上がりしているという情報が入り、あなたは売却して利益を確定することにする。

そして同じタイミングで航空会社の秋の早割のキャンペーンが始まったというニュースをたまたま見つけ、旅行サイトで自分で旅のプランを設計する。

全部自分で気づき、全部自分で判断し、全部自分で決めて行動しているとあなたは認識しているだろう。しかしその選択をするにあたって提供された情報は、全部、自分が選んできたものではなく人工知能が何らかのアルゴリズムを通じてあなたの前に流していった情報ばかりかもしれない。２０２５年頃の未来の世界では、そのように人間の選択力が衰える未来へと変わる可能性が十分にある。

米中のメガＩＴ企業が作る未来

このように便利で怖い未来を、いったい誰が作ろうとしているのだろう。人工知能に年間１兆円規模の研究開発投資をしている企業にはその黒幕の資格がある。

残念ながら、日本企業にはその規模での開発投資ができる企業は１社もない。最先端の企業でもおそらくその１００分の１、年間１００億円規模の研究予算しか人工知能にかけることができないのが、日本のほとんどのＩＴ企業の実態である。

一方でアマゾン、グーグル、マイクロソフト、アップル、フェイスブック、そしてＩＢＭはそうではない。巨額の人工知能への開発投資を推し進め、この分野での世界のリーダーの座を目指している。そしてもう一方の雄《ゆう》は中国だ。こちらも政府、企業、大学が固く結び付きながら、アメリカと同様の投資規模の下で人工知能の開発を推し進めている。

そのような巨額の投資の結果、どのような未来が到来するのだろうか？　それはアメリカでささやかれるアマゾンエフェクトという言葉にその手がかりがあるのかもしれない。

アマゾンエフェクトとは、アマゾン・ドット・コムが推進するビジネスのイノベーションによって、アメリカの既存企業がつぎつぎとアマゾンにその座を追われていくという経済現象のことである。アメリカの株式市場には実際に「アマゾン恐怖銘柄指数」という指標があって、その指標にはアメリカの大手小売業のほとんどが組み込まれている。

アメリカ第2位の書店として知られていたボーダーズは2011年に連邦破産法のチャプターイレブンを申請し倒産処理手続きに入った。アメリカのどの都市のショッピングモールにもあった家電販売店のラジオシャックは2015年に経営破綻した。玩具の大規模小売店として知られたトイザラスも、今年になって全店閉鎖を発表した。

これらの小売店が閉鎖に追い込まれた大きな要因のひとつが、消費者がリアル店舗よりアマゾンのようなオンライン店舗を好んで使うようになったからだ。

倒産に追い込まれなくても、全米で店舗数を大幅に減らす大量閉店を実行するチェーンストアも少なくない。そのため全米のショッピングモールには空きスペースがたくさんできはじめていて、これでは集客力を失うとモールの運営者が悲鳴をあげはじめている。

そのような動きの中でこれまではアマゾンの宅配に不向きとされていた生鮮食料品を扱うスーパーだけは、アマゾンエフェクトがそれほど痛手にならないと言われていた。ところが２０１７年６月にアマゾンが食品スーパー大手のホールフーズ・マーケットを１３７億ドル（当時のレートで１兆４３００億円）で買収することを発表し、全米の食品スーパーを震撼《しんかん》させた。

全米に店舗網をもつホールフーズを倉庫として活用すれば、アマゾンが全米の都市に生鮮食料品の販売を行う足がかりができるからである。

このニュースを受けアメリカの調査機関は、７年後には消費者の７割がインターネットで生鮮食料品を購入するようになるという調査結果を発表した。

ホールフーズだけでなく、水面下ではスーパー大手のクローガーやターゲットもアマゾンとの提携に向けた話し合いを始めているという。全米の小売業がアマゾンの発展の影響から逃れられなくなってきているのである。

アマゾンエフェクトと人工知能

このようなリアルな小売店がアマゾンの成長に伴って影響を受けるのは、比較的誰もが理解していることだ。しかしそれと同じことが人工知能の世界でも起きはじめていることに対しては、まだそれほど警戒がなされていない。

インターネット上でサービスを利用するクラウドサービスの世界では、アマゾン、グーグル、マイクロソフトの3社への業界寡占化《かせんか》が進んでいる。その理由は、これらの3社が提供する人工知能の性能が格段によいからである。

たとえばあなたの勤める会社がIT企業で、スマホで遊ぶゲームを開発していたとしよう。読者のあなたにとってゲームの世界はそれほど馴染みのない業界かもしれないが、まあそこは我慢して話を聞いてほしい。

それであなたの会社がとても力を入れている新開発のゲームが発売されたとする。その商品は発売1週間で1万人の新規会員を獲得できたが、事業計画ほどはダウンロード数が増えず、売上が伸び悩んでいるとしよう。会社としては何らかの対策を打って、商品を成長させなければいけない。

なぜ売上が伸び悩んでいるのか？　これまでであれば社員が一生懸命仮説を立てて、その原因を究明しようと頑張ることになる。たとえば、以下のように。
・そもそも広告がうまくいっていなくて思ったほど新しいゲームについて認知が広まっていないのかもしれない
・認知は広まっていても、広告内容のせいで関心が高まっていないのかもしれない
・新しいゲームを始めたユーザーが思ったほどのめり込んでくれていないのかもしれない
・そのようなユーザーがＳＮＳなどであまりいい反応をしてくれていなくて、それでマイナスの影響が広まりはじめているのかもしれない
・同時期に発売されている競合するゲームとユーザーを取り合ってしまっているのかもしれない
従来であればゲーム会社はこういった仮説ひとつひとつをデータに基づいて分析し、ユーザー数を増やす、ないしは課金につながるクリック数を増やすような対策を頭で考えて実行していくことになる。

ところがビッグデータの分析を先取りすることでこういった仕事を代行してくれる「強

いＡＩ」が育ちはじめている。育てているのはアマゾン、グーグル、マイクロソフトといったＡＩ大手企業である。

この3社のクラウドにサービスを預けて運用している会社は、クラウド上にあるＡＩサービスを使うことができる。新規ユーザーの獲得効率を分析して、弱点を見つけて対策を提案してくれるようなＡＩサービス。ないしはこのゲームを使ってくれそうな潜在顧客をビッグデータの中から見つけてきて、適切なマーケティングプランを考えてくれるＡＩサービス。そういったものがクラウドの付随サービスとしてクラウドのユーザー企業は利用できるようになる。

第1章で述べたように、人工知能には「強いＡＩ」と「弱いＡＩ」がある。ビッグデータを分析しながら消費者行動を学習し、より効率的なマーケティングプランを考えるような仕事は強いＡＩの仕事である。そしてそのような強いＡＩを開発できるのは、バカでかくて能力の桁が違うハードウェアを有しながら、巨大サーバーで巨大データを分析できるようなＩＴ巨大企業に限られる。

つまり今、強いＡＩが商品として販売されるようになってきていて、その販売元がアマゾン、グーグル、マイクロソフト、アップル、フェイスブック、そしてＩＢＭといった巨大企業に集約される流れができつつある。

これら6社の戦略やターゲット市場はそれぞれオーバーラップする部分もあれば、異なる部分もある。しかし共通することは、年間1兆円規模のAI投資を続けられる企業が人工知能経済の中枢部分をにぎるようになる。それ以外のその他大勢の企業は、これらAI大手の人工知能をサブリースして使う製品やアプリを販売する存在になるだろう。

2025年頃の未来の世界においては、スマートスピーカー、スマホ、そしてそこに搭載されているアプリはみな、確実にあなたよりも賢くなるだろう。そしてそのような未来では、あなたは人工知能がつぎつぎと提示してくる情報だけに囲まれて日々を暮らすようになる。

そしてあなたの生活は居心地はよいけれども、誰かによって設計された通りの生活にどっぷりつかっていくようになるのである。

第6章

人が要らなくなる職場、人が足らないままの職場

――職場や人生の目的はどう変わっていくか

2023年、日本の職場はどう変わるのか

20代から30代半ばまでの若者にとっての近未来の職場はどのようなものになるのだろうか。今でも少なからずそうではあるのだが、5年後の職場は今以上にギスギスしたものになるのは間違いない。

なにしろ労働力の不均衡は過去に例がないほど歪みが広がっていくはずだからだ。これから5年間、労働市場では「人が足りない」という圧力と、「人が要らない」という圧力の、まったく真逆のふたつの大きな力が働くことになる。

2018年現在では先に、「人が足りない」「人が採れない」ということが世の中の経営者の最大関心事になっている。上場企業の経営リスクの筆頭に「採用リスク」が挙げられたのも、その逼迫感《ひっぱくかん》を象徴する近年になかった傾向である。

特に問題なのは成長産業で人が採れないということだ。人さえ採れれば事業を拡大できるのに、必要な人材が集まらない。そのような経営課題に悩んでいる成長産業がどのようなものかと言えば、宅配便事業、病院、介護施設運営といった業種が筆頭に挙がる。業界

全体ではないが部分的に成長業態が興る小売業、飲食業も同様だ。

おのおのの業界の成長を表すキーワードを見れば、その背景も理解できる。宅配便事業が成長する理由はインターネット通販の需要拡大にある。病院と介護施設は少子高齢化。小売業、飲食業の場合はサービスの24時間化や低価格化による需要拡大、ないしは逆にセブン-イレブンが開発したセブンプレミアムに代表されるような価値向上による顧客増加などいろいろと要因はある。なかでも訪日外国人によるインバウンド需要の拡大という要因は人材の需給のギャップが広がりやすい。

需要が急成長しているにもかかわらず人が採れない職場では、必ずブラック労働問題が起きる。そもそも人数が足りないので責任感の強い人ほどシフトに組み込まれたり、店長などの名ばかり管理職に祭り上げられたりしてしまう。無理が起きても仕事がまわる限り、問題は問題として認識されない。最終的に過労死や自殺の問題が起きないと上層部の人間は動いてくれない。そんな状況がおのおのの業界に慢性的に広がっていく。

そのような社会問題を解決するために人工知能やロボットの導入が広がることになるといいのだが、残念なことに人工知能やロボットの活用が広がるのはこのような人手不足の職場ではない。

これまでの章で語ってきたようにこれからの10年間、人工知能の活用によって人手が減るのは主にホワイトカラーの職場である。

そしてロボットはというと、これからの10年間はまだ定型的な作業が繰り返される工場のような職場で活躍する。そして日本のロボットメーカーにとっての成長分野は間違いなく国内よりもアジアの工場なので、アジアでどれだけビジネスを拡大できるかが各メーカーにとっての主戦場になる。

だからこれから先の未来の職場において、人が要らなくなる場所は、主に日本のオフィスと海外の工場ということになる。

ここにこれから拡大する人材の需給ギャップの根源的な問題点が存在する。「人が要らない」圧力が高まる場所と「人が足りない」圧力が高まる場所が違うのだ。

快適なオフィス環境におけるホワイトカラーの仕事は急速に減少していく。一方で頭と身体を動かしながら働かなければいけない宅配や介護、病院などの現場では人が慢性的に足りなくなる。

机上の論議で言えば、オフィスで事務職をやっていた人材がみな仕事を失い、その結果、宅配や介護、病院などの現場に移るようになれば需給問題は解決する。しかし待遇と必要とされるスキルがあまりに違いすぎることから、机上で考えられるような人材流動は現実には起きない。

快適で賃金が高いところから、大変で低賃金の職場へは、よりせっぱつまった状況に追い込まれない限り人は動かないものだ。ということはこれからの職場は、今よりもせっぱつまった場所にならざるを得ないのである。

「人が要らなくなる職場」で起きること

ではまず「人が要らなくなる職場」で何が起きるのかから考察していこう。たとえば金融機関ではこれから先、大量の仕事がなくなる。それまでの信用と信頼を維持するために必要だった膨大な事務作業が人工知能を用いることで抜本的に省力化されることになるからだ。そして他の多くのホワイトカラーの職場でも第4章で述べたロボティック・プロセス・オートメーション（RPA）による省力化の動きが広まることになる。

職場で仕事のポジションが激減したら何が起きるだろう？

人工知能が本格的に導入され、会社の中でやらなければいけない仕事が激減したとする。それまで10人で仕事をしていた部署で、来年は8人、再来年は6人という具合に毎年ふたりずつ社員が要らなくなる。そんなことが自分の部署だけでなく、会社全体で起きはじめる。

・会社全体でそのような規模で人員削減をするということが決まると何が起きるのか？

これは外資系の巨大企業ではよく起きていることだから、その様子を見るとどんなことが起きるのかが予測できる。

外資系企業でリストラを行う場合、各部署で今年、何人削らなければいけないか人事部から指示が入り、部長、課長レベルで各部署の中から辞めてもらう人を決めていく。これは課長にとってとても心が痛む仕事なのだが、役割なので仕方ない。粛々と人選が進むことになる。

さて、このリストラの現場を眺めてみると興味深い現象が起きていく。初期のリストラではいわゆるローパフォーマー、つまり職場であまり役に立っていない人に辞めてもらうというリストアップがなされる。しかし会社がさらにもう一段のリストラを要求すると、能力が同じような人の中から辞めてもらう人を選ばなければならなくなる。

会社に嫌気がさして進んで辞めていく能力が高い社員を散見するのもこの段階だが、そうしたプロセスの中で誰が残っていくのかを見ていくと、最終的には上司のお気に入りというか仲間とも言うべき人間関係になっている人たちが組織に残っていくという現象が起きる。

アメリカ企業は日本と違って実力主義で動いているように捉えられることが多いが、その実情はむしろ逆で、ボスに気に入られなければ組織の中での出世は望めない。だから外資系企業では数名のグループが特定のボスの傘下に入って強い結束をもつという人間関係が出来上がっていく。そのボスが別の外資系企業に転職すると、その後、そのグループの人間が続々と同じ企業に転職していくという現象が起きるのもこの理由からだ。

このような外資系企業で起きているような人間関係が、やがて人間の仕事の数が激減しはじめると日本の職場でもあたりまえのものになる。

仕事がだんだん消滅していく。10人から8人、8人から6人と部下の数を減らしていかなければならない未来においては、生き残りたいサラリーマンは「ボスと仲良くなる」ことに必死になる。

若手サラリーマンの「芸人化」

その時代には「若手サラリーマンの芸人化が始まる」と私は予測している。

タレントの世界は厳しい。若手芸人の場合、才能があって、ネタも面白く、日々努力を続けている人でも、それだけでは生き残っていけないという現実がある。

なぜそうなるのか？　それは芸人の世界ではサラリーマン以上に「いい仕事の数が少ない」からだ。仮に「芸人として売れるためにはテレビ番組のレギュラーに起用されることが重要だ」とする。しかしそのポジションは限られていて、チャンスは多くはない。

だから芸を磨くだけではだめで、先輩たちとの付き合いが重要になる。楽屋にあいさつに行く。先輩の出演した番組や舞台についてこまめにメールで感想を伝える。夜中に召集がかかったら15分で西麻布の焼肉屋に集合する。そういった努力があって初めて、若手芸人は先輩に顔や名前を覚えてもらえて、そのことで何かの機会にちょっとした仕事を分けてもらえるようになる。

この若手芸人の日常は、今のサラリーマンから見れば「違う世界」の出来事に見えるだろう。芸能界というのは、なにしろ志望する人数が多い割に、売れるために必要となる仕事のポジションの数が圧倒的に少ない世界だ。芸人だけでなく、役者、歌手、アイドルなど芸能界で活躍しようと志望する若者はみな「いい仕事のポジションの競争倍率がめちゃくちゃ高い」世界で戦っている。

だから若手の役者が大物俳優の身の回りの世話をしたり、大御所歌手の誕生会には若手芸能人が欠かさずに顔を出さなければいけなかったり、アイドルが事務所の人と一緒に日々あいさつまわりに精を出したりといった、サラリーマンとは違う努力に大量の時間を使っている。

そしてサラリーマンの世界でも仕事のポジションが激減すれば同じことが起きるようになる。

上司にいかにかわいがられるか、上司といかにプライベートを共有できるか、上司と一緒にいる時間がどれだけ長いか、そういったことができるかどうかが、組織の中での生き残りを左右する時代がすぐにやってくる。

若手芸人が先輩の楽屋にあいさつに行くように、若手サラリーマンが出社するたびに上司の席に「あいさつに伺う」ようになる。仕事のポジションが減る未来にはそうしていかなければ失業するからだ。10年後の未来では、こんな現象が社会問題になるかもしれない。

「人が採れない職場」でもできる省力化の余地

では人の足りない職場では何が起きるのだろうか。さきほど挙げたような不人気だが大量に人を必要としている職場では、ポジティブな現象とネガティブな現象、正反対のふたつの出来事が起きるはずだ。

ポジティブなものはやはり人工知能の導入による仕事プロセスの効率化である。頭と身体をどちらも使う職場でも、仕事のプロセスの部分部分を見ていくとホワイトカラーの職場同様に合理化できる重要個所を見つけることができる。

アメリカのシアトルで誕生したアマゾン・ゴーという無人スーパーの実験店では、レジで会計をするというプロセスをなくす実験を行っている。入り口でスマホをかざして入店した顧客は、棚にある商品を自由に自分のかばんに入れてお店から持ち出すことができるのだ。まるで万引きのようだが心配は要らない。店内に大量に設置してある画像センサーが顧客の持ち出した商品を正確に捕捉して、持ち出した分はきちんとスマホ決済で自動支払いをすませてくれる。

この技術が確立されれば小売店のレジ打ち作業は要らなくなる。たとえば仕事が厳しいことで知られるユニクロではレジ打ち作業が従業員の大きな負担になっている。特に感謝祭など来店客が激増する時期は会計を待つお客様の列が1日中続き、一度レジに入った店員は何時間もの間立ち続けてレジを打ち続けなければいけない。

それだけ負担のある仕事が近い将来消滅するかもしれないということは、列に並ばなくてもよくなる顧客にとってもメリットだが、厳しい小売業の現場で働く従業員にとってはもっと大きなメリットになるだろう。

第5章で取り上げたスマートスピーカーやソフトバンクのペッパーくんのようなロボットは、介護の現場の仕事を減らしてくれる可能性がある。介護を受ける高齢者が介護士に求めている役割のひとつに話し相手の仕事があるからだ。

介護施設で寝ている要介護の高齢者のそばに今よりもバージョンアップした人工知能を搭載したペッパーくんがくりくり目玉の笑顔で寄り添ってくれるとする。高齢者がペッパーくんに話しかけたり、ペッパーくんが高齢者に話しかけたりという状況は5年後であれば今よりもずっと自然に、そしてずっと役立つ形で成立するだろう。

同じくもしこれがスマートスピーカーだったとしても、高齢者が、

「うちの田舎の桜はもう咲いたかのう？」

と話しかけたら、

「東京よりも遅れたけれど奥三河の桜もおとといぐらいから咲いていますよ。見ますか？」

とアマゾンのアレクサが答えて、テレビ画面にYouTubeから今年の桜の様子を映し出してくれるかもしれない。

「どこだね、ここは？」

「桜淵《さくらぶち》ですよ」

「ああ新城《しんしろ》の桜淵かい」

というように高齢者の故郷を含めたプロフィールを完全に把握している人工知能は、高齢者にとって温かくそして懐かしく感じられる会話サービスを提供してくれるだろう。

そのような時代になれば介護施設の介護士は、今よりもたくさんの老人をひとりで担当できるようになるかもしれない。もちろん法律も変える必要があるのだが、老人との対話

はスマートスピーカーやロボットが担当して、介護士は物理的なお世話だけを担当するという役割分担も成立する可能性はある。ただ介護士が毎日、おむつを替える仕事だけに専念してそれをやり続けたいかどうかはまた別の話なのだが。

とはいえ業界によっては人工知能による省力化の余地が限られるものもある。大手チェーンが経営する飲食店ではすでにかなりの部分で業務プロセスの合理化は進んでいる。予約のマネジメントもウェブ化が進み、はま寿司のような人気チェーンでは受付もペッパーくんが担当するようになっている。

あと人工知能に置き換えられるのは小売店同様にレジ打ちの部分だけかもしれないが、小売店と違って飲食店の作業量的にはその点でもそれほど大きな効率化にはならない。

その意味で、人手不足の業界である程度までは人工知能による一段の省力化が可能だとしても、本質的には従業員の待遇の部分にメスを入れていかないと「人が足りない」という状況は解消しないはずだ。

宅配クライシスとは何だったのか

では従業員の待遇にはどのようにメスが入るのだろうか。

未来の人の足りない職場ではポジティブなものとネガティブなもの、正反対のふたつの現象が起きるとさきほど述べた。人工知能の導入による仕事プロセスの効率化がポジティブな現象だとすると、もうひとつ並行して起きるであろうネガティブな現象がクライシス、つまり業界全体を巻き込む業務破綻である。破綻が一度起きて、それで初めて状況が変わる動きに各業界が移行できるのだ。

２０１７年に宅配クライシスが話題になった。インターネット通販の荷物量が激増する中で、宅配便の運送キャパシティが限界を超え、業界トップのヤマト運輸がもうこのままの条件では宅配便を引き受けられないと悲鳴をあげたのだ。

宅配便の大口顧客は私たち一般の顧客よりも大幅な割引運賃で荷物を配達してもらっている。以前はそれでも1個４００円以下に宅配コストは下げられないと言われていたが、一番大口の顧客の場合、マスコミの取材によればこの当時は２５０円から３００円のコストで配達を請け負っていたという。

このときに注目されたのはヤマト運輸がどう動くかという話と同時に、最大手の荷主であるアマゾン・ドット・コムがどう対応するかという話であった。アマゾンの宅配からは佐川急便が先に悲鳴をあげて撤退している。実質的にヤマト運輸しか頼る相手がいない中でアマゾンはどう動くかに注目が集まったのだ。

実はこの宅配クライシスはアマゾン・ドット・コムとヤマト運輸、それぞれの企業文化が大きく影響を及ぼしている。

アマゾンの企業文化は徹底的に消費者の立場に立つことだ。消費者が少しでも便利になるようにサービスを改善し、消費者のために徹底的にコストを削減する。そのうえで削減したコストはすべて消費者に還元するのがアマゾンの文化である。

一方のヤマトは荷主の要望を徹底的に受け入れるというのが企業文化であった。荷主のためには監督官庁と大喧嘩してでもサービスができるように突破していく。そしてヤマトにとってはサービスが第一で、利益はその後から自然についてくるという考え方をしていた。

それが成り立たないことがわかってしまった。徹底的に顧客へのサービスに邁進《まいしん》するふたつの企業がつながることで現場が成り立たなくなってしまった。これが宅配クライシス問題の根源である。

現場が大変な状況になって採用ができなくなれば、ヤマトもアマゾンも事業拡大どころではない。ここで初めて両社が歩み寄り、マスコミ推定で4割超と言われる大幅な値上げをアマゾンは受け入れることになる。さらにヤマトは他の大口顧客の4割について契約を解消した。つまり事業を続けたいのにヤマトには荷物を運んでもらえない弱小のインターネット通販業者が大量に出たことになる。顧客の要望を大規模に拒否する姿勢をヤマトは初めて容認したのだ。

クライシスから広がった改革という観点では、電通で起きた過労死自殺が業界全体への働き方改革へと広がった動きも同様である。社会をゆるがすような問題が起きて初めて、改革への圧力が高まる。それが残念ながら日本社会が変わる際に毎回必要とされる「通過点」なのである。

そしてそれがそのまま他の業界に広がるかというと、残念ながらそれも難しいだろう。介護業界は運輸業界の宅配クライシスを自分の問題だとは捉えていないし、飲食店は電通の過労死問題は違う業界の話だと捉えている。トルストイの『アンナ・カレーニナ』ではないが「幸せな業界はどれもみな同じように見えるが、不幸な業界はそれぞれが異なる」ということなのだ。

肉体労働の価値が見直されるまでの道のり

こうしてこれからの5～10年間、「人が採れない」と「人が要らない」というふたつの社会問題が雇用のマーケットを翻弄することになるだろう。

歪みの本質は、本来供給が少なく市場価値がある仕事であるはずの「頭と身体を両方使う仕事」が給与面で過小評価されていて、同時になり手がいくらでもいる「頭だけ使う仕事」の価値が過大評価されていることにある。そしてこれが近未来に自然な形で解消されるのは実は難しい。難しい理由は両者が是正されていく順序にある。それをわかりやすい例で説明してみよう。

オーストラリアのシドニーに行くと、ランチの価格があまりに高いことにびっくりする。それほど形式ばったお店ではなく、普通のお店に出かけてパスタをランチで注文しても、会計が日本円で２５００円もする。

それで不思議に思って調べてみると、オーストラリアの飲食店のパートタイムの仕事の最低賃金は平日は17・70オーストラリアドル、つまり日本円なら約1500円、週末は2000円を超えてしまう。日本と比べるとかなり高いことがわかる。しかもこれは最低賃金のレベルなので、シドニーの中心部の忙しい飲食店なら実勢賃金はさらに高くなる。法律の最低賃金の規制や需給の関係でそれだけのコストになり、そのコストがランチの価格に転嫁されているのだ。

オーストラリアでは経済全体がそれなりに好調で、ランチの価格が上がっても、いやそれだけではなく飲食やさまざまなサービスの価格がそれ以上に上がっているのだが、それでもシドニー市民は不満を感じつつもその高価格を仕方がないと受け入れている。消費者がそれを受け入れられるのは、多くの市民がそれだけの収入水準を維持できているからだ。

これがもしシドニーでもホワイトカラーの仕事の価値が先に下がって時給1000円になってしまっていたとする。そんなときにランチに2500円のお金を支払える人がどれだけいるだろう。

日本ではご存じの通り正社員の給料が頭打ちになり、非正規労働者が大幅に増加している中で収入レベルでの下流層が拡大している。住宅ローンをかかえて少ない小遣いの中でやりくりをしなければならないお父さんたちが増える。結果としてランチは毎日コンビニの２５０円のサンドイッチですませるというサラリーマンが増えている。

そしておそらく日本では将来、「人が要らなくなった」オフィスでの給与水準が先に今よりもさらに一段階から二段階も下がる。事務作業の需要がなくなる一方で快適なオフィスの中でパソコンに向かって働きたい人の数は相変わらず多いから、市場価格としての労働対価は下がっていかざるを得ないのだ。

その一方で「人が採れない業界」のクライシスは、数年に一度の割合で局所的にしか起きない。そうなると時間軸で見れば先に「頭を使う人たち」の仕事の給料が大幅に下がり、その後でタイムラグがあってようやく「頭と身体の両方を使う人たち」の給料を上げなければいけないという問題が持ち上がることになる。

しかしそこで別の問題が起きる。飲食店の時給をたとえば１７００円に上げたとしても、顧客となる大衆の給与水準が大幅に下がってしまっているとすれば、コスト上昇を価格に転嫁できないのだ。

介護業界がまさにこの問題をかかえている。介護業界の最大の問題は適正な介護コストを要介護者とその家族が賄うことができない点にある。介護保険からの金額を含めても介護事業者がひとりの要介護者から受け取ることができるお金はとても少ない。ない袖は振れないということで介護士の給与水準を上げることができないのだ。

つまり、わが国で先に中流の上から中流の下までを占めるホワイトカラーの雇用が崩壊してしまえば、ブルーカラーの賃金を適正水準に上げることができなくなる。そうなればいくら需要があってもブルーカラーの職場は人が採れないまま成長が止まってしまう。

そして日本経済にとって最終的な解決策は、日本人ではない移民を大量に受け入れて安い給料で彼らに肉体労働をさせるという、誰も得をしない解決策を選ぶしかなくなるのである。だとすれば今存在する業種間の給与の不均衡問題を先に解決することこそが、実は日本の働き方改革がチャレンジしなければいけないことなのだ。

これから先、人生における幸福とはいったい何なのか

この章の最後に、働く人間にとっての幸せとはいったい何なのか、そのことを考えてみたい。

これから先、一般事務、ドライバー、そして弁護士や医師といったナレッジワーカーの

仕事を人工知能が奪う方向で発展していく。その結果、人間の仕事が段階的に消滅していくことになる。おそらく今から20年ぐらいかけて段階的に「仕事全体の半分くらいの規模」で仕事消滅は起き、そのことが大きな社会問題になるだろう。

そして仕事の機会が減ることによって、人々は残りわずかな仕事を奪い合うことになる。ワークシェアが推奨される一方で、シェアされたわずかな仕事だけでは生計が成り立たないという悲痛な声が高まるだろう。

本来であれば日本の場合、そこに第4章で述べたように170兆円規模のベーシックインカム財源が確保され、世帯あたり400万円規模の収入が無償で提供されるようになれば、国民経済は現在と同じ規模でまわることになる。しかし現在の経済政策の枠組みの中で考えれば、そのような巨額な財源は夢物語である。

私は「政府が人工知能の労働に対して対価を徴収すべきだ。そのことでベーシックインカム財源を100兆円規模で確保しなければならない」と繰り返し主張しているが、なかなかその考えに賛同してくれる人は出てこない。難しい問題なのだ。

しかしここであえて考えてみたい。みんな本当にそんなに働きたいのか？

イギリスの文化人類学者のデヴィッド・グレーバーが「くだらない仕事という現象につ

いて」という衝撃的な論文を書いている。グレーバーによれば、現代社会では数え切れないほど多くの人がその人生のすべてを無意味な仕事に費やしているという。その定義は「やっている本人が基本的に無駄だと思っている仕事」ということだ。

ここでは細部には触れないが、先進国ではこの30年間、くだらない仕事が増え続けているそうだ。確かにそう指摘されると私にも心当たりがある。私の生活を支えてくれる「金になる仕事」と私が本当に打ち込みたい「社会的に価値のある仕事」は別なのだ。くだらないかどうかは別にして、私があまり乗り気になれないような内容の依頼ほどクライアントはなんとか支払いを多くして、私がその仕事を受け入れるようにする。一方で私が社会的に意義があると思うような仕事、たとえば「経済の未来を若者たちに訴えかける仕事」のようなトークイベントは主催者もだいたいが赤字で、私へのギャラも心ばかりの金額ということになる。

くだらない仕事で生計を立てるという点で、グレーバーが指摘したのは肥大する管理部門の仕事かもしれないが、それとは違う切り口で見ても若者はくだらない仕事に血道をあげていると私は感じている。

IT企業で高い給料を受け取る若者は、日々、クリック数をどうやって0・1ポイント上げられるかに自分の情熱のすべてを注ぎ込む。大手ビールメーカーの優秀な技術者の若者は、大麦、麦芽、ホップ以外の別の原材料を使うことでどれだけビールに味が近い商品が開発できるかに研究者としての旬の時間を費やしていく。

利益に直結する、会社を儲けさせるという意味では高給が約束される仕事だとしても、それが本当に自分が人生を賭けるべき仕事なのだろうか。そして世の中をまわすために必要とされてきた仕事が実はくだらない仕事で、それを人工知能が消滅させてくれるのだとすれば、それがなくなることでわれわれの人生の何が困るのだろう。

あなたはそんなに働きたいのか

そこで「あなたはそんなに働きたいのか？」という命題に戻ることになる。

ある程度地位もお金もある上流層のビジネスパーソンに「あなたにとって仕事とは何なのか？」と訊ねると「それは人生における自己実現の場なのだ」という言葉が返ってくる。これは実は、私が以前勤務していたコンサルティングファームの中では幹部社員のコンセンサスのように言われてきたことだ。

弁護士が弁護士の忙しい仕事にあれだけ自分の時間を注ぐのは、その仕事で価値を出すことこそが自分の存在意義だからである。

難しいビジネスの交渉の現場で将来のリスクを回避できるように契約書の1項目1項目に目を光らせて不備がないようにチェックする。ビジネスの大きな訴訟が持ち上がりそうな状況において法廷に持ち込まれる前に事態を収拾させる。ないしはそうなる前に法律的観点から適正なアドバイスを述べることで問題を回避するといった仕事は、弁護士の仕事の醍醐味《だいごみ》だろう。

自分がそこにいることで生まれる価値こそが、自分が仕事をする意味であり、自分の人生の意味だと考える。それが高給を取るナレッジワーカーたちの偽らざる本心だと私は思う。

ただ仮に、人工知能によってナレッジワーカーの仕事自体が半減したとしたらどうだろう。弁護士の世界ではパラリーガルのような作業の仕事が消滅して、アドバイスのような高度にプロフェッショナルな仕事だけが残るとしたら。そのときに半分の弁護士が失業するのと、弁護士全員の仕事の時間が半分に減るのとどちらがいいだろう。

年収1500万円で年間2500時間も働く勝ち組が半分、失業して年収ゼロの負け組弁護士が半分という超競争社会の中でびくびくしながら勝ち組の側にしがみつこうとする未来がそれほどいいことだろうか。そうではなくマーケットが半分になったとしたら、弁護士全員が１日４時間労働を受け入れて、みんなが年収７５０万円になる未来の方がよほどいいのではないか。

弁護士のように、年収が半減しても７５０万円というのは特殊例かもしれない。しかし人工知能によって社会全体の仕事の量が半減すれば、日本人は失業率50％の社会を選ぶか、それともワークシェアによって労働時間が半分になる社会を選ぶかの選択を迫られることになる。

働く時間がみな、半分になってしまって、残りの半分は自由なことができる未来。それは本来は素晴らしい未来だ。そして最大多数の最大幸福という観点では明らかに、来るべき未来は労働時間が半分になり、減った収入は何らかのベーシックインカムで補塡《ほてん》する社会を目指した方がいいという話になる。

人生の昼間の半分の時間は仕事、でも新しく生まれた残り半分の時間で自由なことをやればいい未来。知識欲が強い人は午後半日を読書に費やすのもいい。毎日違う映画を観たり、週の最初の３日間だけしっかり働いて毎週４日間の休暇で旅をしてもいい。それだったら私は子どもの頃の趣味だったプラモデル作りをまた始めてみたいと夢想している。

フランス国王よりも幸せな日本人

そもそも年収が半減しベーシックインカムで不足分が支えられるという日本人の未来は、みじめな未来なのだろうか。

現代人は今、歴史上かつてないほど幸せな環境の下で生きている。それなのに、なぜわれわれは「不幸だ」「みじめだ」と思って悲観するのだろう。

われわれ日本人の生活を世界の歴史に照らしてみると、おそらく多くの人たちが絶対王政時代のフランス国王やオーストリア皇帝よりも豪華な暮らしをしているはずである。もちろん権力という点ではまったく及ばないし、部屋の広さも話にならない。しかしそれ以外の点では、現代人の毎日は18世紀の国王や貴族たちよりも素敵だ。

なにしろテレビのスイッチを押せば毎晩極上のエンタテインメントを楽しむことができる。毎晩面倒くさい準備をして馬車に乗ってオペラハウスに出かけてようやく2時間のオペラを鑑賞するしか楽しみがなかった国王と比べて、21世紀の日本人は無限のエンタメソフトを気ままに選ぶことができる。

食事もコンビニに出かければ清潔でおいしくてやわらかなメニューから、毎日、自分で好きなものを選んで食べることができる。サイゼリヤに行けば好きなイタリア料理をドリンクバー付きで楽しむことができるし、居酒屋に出かければ極上のアルコールが飲み放題だ。

しかも生活環境は当時の汚物にまみれたパリの街角と違い清潔そのもので、病気に悩まされることも日常的にはない。不幸にも病に倒れた場合でも21世紀の医学知識に基づいた高度な治療を受けることができる。

冬は暖房を入れれば暖かいし、夏は冷房を入れれば涼しい。ボタンひとつ押すだけでシャワーを浴び快適な湯船につかることもできる。

召使いはいないがスマホのボタンを押せば欲しいものは何でもインターネット通販で注文でき、宅配便が自宅に届けてくれる。このフランス貴族の暮らしをはるかに凌ぐ普通の毎日のどこが「みじめな未来」なのだろう。

2020年代の幸せとは何だろう？

「それでもやはり、これから先の未来は不幸だ」

と答える人間が現実には大多数なのは、結局のところ幸せとは相対的なものだからだ。実際にそれまで中流だった家庭がリストラによって成り立たなくなると、一家は急に不幸を感じるようになる。

いくらその毎日の生活が18世紀のパリの富裕層よりもはるかに快適だと諭されたとしても、現実に住宅ローンが支払えずに引っ越さざるを得ない、外食もままならない、子どもを私学に通わせることができないというひとつひとつの新しい現実を不幸だと大多数の人が感じることは当然でもある。

結局のところ未来の幸せとは哲学的なもの、主観的なものになる。このまま人工知能の拡大を社会的に放置すれば見えないＡＩ失業は拡大していく。平均的な労働者の収入機会は年々、機械に奪われ減少していく。

そのような社会において、富が一部の人々に集中するとすれば、自分よりも豊かな生活を送る人たちが一定数存在するから、それ以外の多くの人は相対的に自分を不幸だと感じるようになる。この現象に対するいい対策はない。結局のところ未来の日常を幸せと感じるか不幸せと感じるかは、心持ち次第ということになる。

ただそのような未来において救いとなるのは、若い世代の中で新たに形成されている新しい価値観だろう。すでに現在の20代から30代後半の世代の中では、私のような50代とは違う価値観が生まれている。会社のために働くとか、仕事を通じて自己実現を目指していくといった価値観、いわゆる上昇志向と呼ばれるような考え方はむしろ時代後れだと彼らは捉えている。そうではなく自由や仲間を大切にし毎日を大切に生きていきたいというのが新しい世代の価値観である。

時代は変わらざるを得ない。そのことによって社会や経済の前提条件も変わっていく。これはすでに社会人となっている人々にとっては試練と感じられるものだとしても、社会人になった最初の日からそれが前提だという世代にとっては、自然にその前提を受け入れ、その前提に合った価値観が生まれるということだ。世代とは、そして人生とは本質的にそういうものなのかもしれない。

第7章

10年後でも生き残れる「3つの人材」

――この先、どのような仕事を選ぶべきか

「AI失業は怖くない論」の落とし穴

私は人工知能による仕事消滅の影響がこれから大きな社会問題になると考えている論者だ。深層学習能力を人工知能が手に入れたことで、これから先、社会のさまざまな分野で「要らなくなる仕事」が大量に出現すると警鐘を鳴らしている。

ところが、当然のことではあるが世の中には反対の意見の論者も多く存在する。

究極にはこれから起きる未来の技術進化に関わる議論なのでその意見が分かれるのは仕方がないことなのだが、とはいえそのことでこの問題の重要度が過小評価されてしまうのは困る。そこで最終章の冒頭では「AI失業は怖くない」という議論の落とし穴についてまずは指摘させていただきたい。

「人工知能が人間のような知能を獲得することは起きない。だから人間の素晴らしさを信じてスキルアップに努めるべきだ」

こういった意見がキャリアアドバイザーや社会学者の間で提起されている。彼らの意見の最大の論拠になっているのは、人工知能を使って東大入試に合格できるかどうかを検証した実在のプロジェクトの結果である。

最先端の技術力をもつ人工知能学者が実際にその成否を確認してみた。その結果、現在の技術の延長では人工知能には東大入試に合格できるような能力は決して獲得できないことがはっきりしたというのである。

実は、この研究結果は私も知っていて、その意見の正しさも理解している。この研究者の主張については非常に正しいことをおっしゃっているというのが私の認識である。

問題は、それ以外の周囲の方がこの研究結果を誤解しているようなのだ。この結果をうのみにして「人工知能は未来永劫《えいごう》、人類のような知能は獲得できない」と考えてしまうと、将来に関してふたつの大きな落とし穴にはまってしまう。それぞれ解説してみよう。

人工知能の学習能力はかなり高まっている一方で、人工知能に解かせるには難しい課題というものがまだいくつも存在している。代表的なものがフレーム問題だ。今の人工知能には「問題に内在する暗黙の前提」を自ら設定することができない。

よく使われるブラックジョークに、高熱の患者の熱を冷ますという課題を設定された人工知能が「殺せば熱が下がります」と答えるというものがある。治療というものは治すためにやっているという暗黙の前提が人工知能にはプログラミングしてあげないと理解できない。そして人工知能が理解すべき暗黙の前提は世の中に無数にあり、そのすべてをプログラミングすることは不可能なのだ。

この問題を乗り越えられない限り、人工知能は人間の言葉を理解できない。だからセンター試験の穴埋め問題には正解できても、東大の二次試験のように深い読解力を要するタスクでは人工知能は人間よりも劣ってしまうことになる。

現在の技術では解決できない問題への挑戦

ここまでは正しいのだが、議論の落とし穴のひとつ目のポイントは、この主張は「現在のプログラミング技術の延長では」と但し書きがあるということだ。

実はフレーム問題をはじめとする人工知能の解決すべき問題のいくつかは、現在のコンピュータ技術の延長線上のやり方では解決できないと多くの人工知能学者が考えている。そしてそれを超えるための新しいコンピュータ技術の研究が始まっている。

有名なものが人間の脳の構造を再現するニューロコンピュータの研究だ。人間の脳は1000億個のニューロンと150兆個のシナプスで構成され、その複雑な動きによって人間の知能が機能している。これと同じ計算環境を再現できれば、人間のように考えることができる新しいタイプの人工知能が誕生するかもしれない。

この手の研究にはスーパーコンピュータは向いていない。実際、スーパーコンピュータ「京」で人間の脳を再現するシミュレーションが行われたことがある。そのときには人間の脳の１％の活動の１秒分を再現するのに40分かかったという。つまり、スーパーコンピュータは人間の脳と同じ構造の計算をリアルタイムでこなすためにはパワー不足なのだ。

第1章で「スーパーコンピュータ『京』は人類史上初めて人間の脳と同じ計算力を手に入れたコンピュータだ」と話したのと矛盾するようだが、処理速度は同じでも「京」と脳は構成が違うのだ。たとえて言えば、ダイムラーが発明した初期の自動車が人間と同じ速度で走れるようになったとしても、それはまだ人間のように二足歩行で走れる構造にはなっていないというのと同じである。ホンダが手掛けた二足歩行のロボット研究はダイムラーが発明したのとは別の技術分野なのである。

そこでＩＢＭは人間の脳と類似した設計思想の新しいコンピュータチップの研究を始めている。SyNAPSEと呼ばれるプロジェクトである。２０１４年にその成果としてニューロシナプティック・チップという新しいタイプのコンピュータチップを発表した。

それはプログラム可能なニューロンを100万個、シナプスを2億5600万個搭載した半導体チップで、人間の脳で言えば右脳が担当するパターン認識の代替に使われる。このパターン認識力はこれまでの技術で開発されてきた人工知能が比較的苦手としてきた分野である。それがすでにチップ化され、米軍の戦闘機の目として実用化されている。

このチップを48個連結されるとちょうど「ネズミの脳」が再現できるレベルだというから、ニューロチップの研究はまだ道半ばというところであるが、目標は当然のことながら人間の脳の再現である。

EUはもっと大規模な研究を始めている。実際に人間と同じ数のニューロンを備えたシミュレーション装置の開発を手掛けようとしているのだ。こちらもネズミ、猫と段階を踏んで人間に到達しようとしている。ターゲットとしては2023年には人間の脳をシミュレートできる研究環境を整える予定である。

つまり、ひとつ目に念頭に置いておくべきことは、今の人工知能研究は近い将来、壁にぶちあたって停滞する可能性がある一方で、今から5年後の未来には、それを突破するためのまったく新しいニューロコンピュータが出現するのである。そして当然のことながら「現在のプログラミング技術の延長では解決できない」問題は、新しい前提の下では解決可能な問題になる可能性がある。それだけの変化がこれから先、５年間で起きるのだ。

たとえ汎用型人工知能が登場しないとしても

人間と同等の理解力をもつと言われる「汎用型の人工知能」が出現すれば、ホワイトカラーの仕事の１００％は人工知能に置き換えることができる。しかし同時にそのような時代が来るのは２０３５年以降だと言われている。ニューロコンピュータの出現を待たなければ、実際には起こり得ない未来だろう。

しかしもうひとつの落とし穴は、たとえそのような進化へのチャレンジの結果、やはり人工知能が人間を超えられないことがわかったとしても、近い将来、人間の仕事の何割かが人工知能にとって代わられてなくなってしまうことには変わりがないのである。

今、キャリアアドバイザーが語るべき問題は２０３５年から２０４５年にかけて人工知能が人類を超えるかどうかという議論よりも、むしろ現在とこれからの５年間、つまりせいぜい２０２３年ぐらいまでの未来に、人間の職場に何が起きるかという問題なのだ。

人間と同等の理解力がなくても人工知能は人間の仕事のさまざまな部分で人間の仕事を

代替できる。先に述べたように、今、話題になっているロボティック・プロセス・オートメーション（ＲＰＡ）という技術がある。これは現在のレベルの人工知能が人間のホワイトカラーの事務作業を観察して、それを学習し人工知能が行う作業へと変えていく技術である。

たとえばほとんどのホワイトカラー社員が行っているであろう月末の経費処理。スケジューラーから稼働時間を申請し、交通費などの立て替え経費を請求する。部署や仕事によっては外部の協力会社からの請求書を受け取って経理にまわすというような作業も発生するだろう。

このような事務作業はＲＰＡが本格的に実用化されるようになれば社員が行う必要はなくなる。月末になればスケジューラーやスマホのＧＰＳデータ、電子マネーの利用記録などをもとに人工知能が一瞬で完璧に月末処理をこなしてくれる。サラリーマンにとってはまたひとつ、面倒な作業が消えることになる。

しかしそれはあなたの仕事が楽になるだけでなく、会社の中で誰かの仕事が要らなくなることも意味している。実際に第３章で述べたようにメガバンクではＲＰＡで数千人から２万人弱の社員をリストラすることを発表している。

２０２２年にはレベル５の完全自動運転車が実用化されてドライバーの仕事をおびやかすようになる。アマゾンがシアトルに試験開業したアマゾン・ゴーのような店舗が広がれば、スーパーやコンビニ、そしてユニクロのような衣料品店まで広い範囲でレジ打ち作業は消滅するだろう。

仮に「人工知能は怖くない論者」が主張するように人工知能がそれほど発展できないと未来はどのようなものになるか？　それは世の中から数十％程度の仕事が消える未来になる。

これはマクロ経済で見れば恐ろしい未来であることには変わりはない。失業率が５％増えただけで世界は大不況になるのだ。そしてこれはすべての仕事が消滅して人類が新しいステージに移る未来よりもたちが悪い。仕事が数割減るだけという未来は、残された仕事を働きたい人たちが奪い合う未来になる。そして求人よりも求職者が大幅に過剰になれば労働者はみな、貧しくなる。

つまりふたつ目の落とし穴は、たとえ人工知能が人間と同じ能力を未来永劫獲得できなかったとしても、現在のコンピュータ技術の延長線を想定するだけでもＡＩ失業による大不況がやってくることには変わりがないということなのだ。

階層社会化の加速と人工知能

だから「AI失業は怖くない論」という楽観的な予測を信じないでほしい。そうではなくすでに始まっている人工知能による労働対価の激減に備えてほしいのだ。

人工知能の発展の歴史と、わが国における「階層社会化の流れ」には大きな関係がある。

2003年に経済評論家の森永卓郎氏が『年収300万円時代を生き抜く経済学』を著し、2005年にマーケティングコンサルタントの三浦展《あつし》氏が著した『下流社会』が話題になった。それまで一億総中流と呼ばれたわが国の階層構造が壊れはじめたことを察知したさきがけとなる社会学研究である。

当時の森永卓郎氏の書籍のサブタイトルには「給料半減が現実化する社会で『豊かな』ライフ・スタイルを確立する！」と書かれている。これはそれまでの中年日本人サラリーマンの常識が年収600万円だったことを意識したうえで「来るべき年収300万円時代に備えよ」と警鐘を鳴らした本だという意味である。

現在はそれがさらに進み、「新・階級社会」だと再定義される時代になってきている。年収３００万円は２００３年当時は下流社会のシンボルのように取り上げられてきたが、今では非正規労働者を中心とした新下流層の年収は１８０万円前後であり、年収３００万円の正規労働者はむしろ下層の彼らが目指すべきひとつ上の目標だと言われるようになってきている。

そして本書を読み進んでこられた読者のみなさまには社会がそうなった理由はすでに自明だろう。人工知能のここまでの発展と労働人口の非正規化の拡大の流れには、原因と結果の因果関係が明白に存在しているのだ。

さらにこれから先の5年間、現在のコンピュータ技術の延長線上にある人工知能の進化だけで見ても、この傾向はさらに大規模に拡大することになる。

少なくとも自動車に関連する産業と金融に関連する産業においては、その仕事に関わる労働者は大きな影響を受けることが近未来のスケジュールとしてはっきりしている。すでに人工知能の影響を受けて報酬水準の低下に直面している事務作業労働者の処遇も、これから先の5年間、さらに深刻なダメージを受けることになるだろう。

ではこれからの10年間で生き残れる仕事とは何なのか？　若い世代はどのような仕事を

選んでいくべきなのだろう。読者のみなさんが20代から30代であれば自分のこととして、40代以上であれば子どもや孫の世代へのアドバイスとして、仕事の選択を考えてみたい。

そして本章の最後には、今さら仕事を変えることができないという40代以上の読者について、今、何をしておくべきなのかというもうひとつ別のアドバイスを提示しておきたい。

これからの10年間で生き残れる仕事とは何なのか

10年後の未来でも生き残れる仕事が3つある。まずは最初の切り口の仕事から紹介していこう。

もうすぐ大学を卒業する若者はどのような仕事につくのがいいだろう。アメリカンニューシネマの名作映画に『卒業』という作品がある。1967年の映画である。その映画の中で大学を卒業したダスティン・ホフマン演じる主人公に、ある成功したビジネスパーソンが「プラスチックが有望だ」とアドバイスをするシーンがある。

1960年代、そして1970年代には化学メーカーが大いに発展した。発展する産業の中に身を置けば、仕事に困ることはない。それが「プラスチックだ」という人生の大先輩からのアドバイスの意味である。

その観点で２０１８年時点では大学を卒業する若者にとって一番有望な仕事は何かというと「人工知能が有望だ」ということになる。いや、ここであきらめないで話を聞いていただきたい。この本を手にしているあなたはたぶん、人工知能学者の卵ではないだろう。むしろ文系の学生である可能性の方が高いかもしれない。そのあなたでも、卒業後につくとよい仕事の筆頭は「人工知能だ」ということなのだ。

実例を挙げた方が話は早いだろう。これが２０００年頃の話であれば「インターネットが有望だ」という話になるわけなのだが、そこで考えてみてほしい。インターネットビジネスで成功したIT企業の成功者たちはITエンジニアだっただろうか？　もちろんそういう人たちも一部にいるが、そうではない人たちもたくさん成功している。

楽天の創業者の三木谷浩史氏は元銀行マンだ。ZOZOTOWNを運営するスタートトゥデイの前澤友作氏は元ミュージシャンで輸入ＣＤの通販からビジネスをスタートしている。ＤｅＮＡの創業者の南場智子氏は大学卒業後、マッキンゼーのビジネスアナリストから社会人キャリアを始めている。

本場アメリカのインターネットの世界ではマーク・ザッカーバーグやスティーブ・ジョブズ、ビル・ゲイツのようにＩＴについての深い理解を伴ったカリスマ人材でなければ成功しないように見えるが、彼らとてＩＴ技術者として機能していたのはそのキャリアの始まった当初だけだ。本当の成功の過程では、彼らはフェイスブックやWindowsのプログラムを書いていたわけでもiPhoneの設計をしていたわけでもない。むしろ日本では文系の仕事に分類される経営や交渉、戦略の力で事業を成長させている。

重要なことはインターネットでの成功者たちはそれぞれが、インターネット技術がビジネスの未来を変えていくことについての強いビジョンをもち、インターネット技術を誰よりもうまくビジネスに適用することができたということである。

これを職種で言えば「事業開発の仕事」と呼ぶ。つまりこれからの10年間で一番引く手あまたになる仕事は、人工知能をビジネスに適応する事業開発の仕事なのだ。

人工知能をビジネスに適用するとは？

事業開発とはどのような仕事なのか？　実はこの本の第3章ですでにその仕事の概要は

紹介している。そこでは「現代の仕事の現場では『（新しい）事業や業務の勝ちパターンを設計し、それを横展開できるようにする』ことが正社員の仕事だ」と書いたのだが、このようなことを行う業務こそが事業開発である。

そしてこの仕事を「人工知能を武器にして遂行する」ことができる人材はまだ世の中には圧倒的に不足している。成功したＩＴ企業の経営者がプログラマーではないのと同じで、これから先の近未来でそのような仕事で成功するビジネスパーソンの大半は人工知能の開発者ではないだろう。

そうではなく、エンジニアが開発する人工知能製品を誰よりも早く試し、構造を理解し、適応領域や機能的な限界を理解し、それをビジネスに適用できるビジネスパーソンがこれからの10年間ではもっとも必要とされる人材である。

たとえばあなたがテレビ局に勤めていたとして、誰よりも先に人工知能を用いてＳＮＳ上でリアルタイムに番組の反響を把握して、それを生放送中に番組の中身をより視聴者の求めるものへと変えていくという新しい仕事の仕方を現場に導入できたとしたらどうだろう。

もしあなたが小売業のチェーンストアに勤務していて、誰よりも早く人工知能を用いて在庫のばらつきに起因する機会ロスを減らす仕組みを構築し、それを全国の店舗に展開できたとしたらどうだろう。

もしあなたがインターネットサービスの会社に勤務していて、人工知能を用いて潜在顧客に効率的にアプローチして、低い単価で数十万人単位の新規顧客を獲得する仕組みを作り上げたとしたらどうだろう。

実際にそういった仕事に使える人工知能サービスは、アマゾンやグーグル、マイクロソフトのクラウドから利用できるはずだ。しかしそれができる人材はどの企業に行っても希少である。

たとえ今の会社での年収が３００万円だったとしても、このような仕事での成功経験をもつ人材になれれば転職で年収１０００万円に向けた道筋はひらける。それは厳しい未来の新・階級社会においてもまったく将来のキャリアを心配する必要がない、生き残る才覚である。

ではそもそもどうすれば人工知能に携わる人材になることができるのか？　それは若いうちから人工知能商品に興味をもってそれを趣味で使い続けることだ。インターネットビジネスのときと同じである。インターネットをビジネスに適用する事業開発において成功できた人の多くが、私生活ではインターネットおたくだった人たちである。

２０００年当時であれば昼間は文系ビジネスパーソンとして働きながら、趣味でインターネット雑誌を購読し、付録でついてくる裏技ツールをパソコンに導入しながらいろいろと試すのが趣味だったような人。そういった人は実はインターネット技術を会社の中に適用する可能性について誰よりも早く気づくことができたし、ブログやＳＮＳ、オンラインゲームといった新しいコンセプトアイデアについての理解も早かった。

それと同じことで、時代はまだ人工知能の黎明期である。現時点でいろいろと出現している人工知能についてのウェブ記事を読んだり、アマゾンの「エコー」のような新しいタイプの人工知能製品を試したりということで、とにかく新しい人工知能については趣味で真っ先にとびつくようにする習慣から始めてみる。たったそれだけのことで、少なくとも人工知能を事業開発に適用するという分野においては社内の人材よりも競争力をもつことを目指せばいいのだ。

人工知能がこれからの10年間に「できない」仕事を目指す

さて、これからの10年間で生き残れる仕事という観点では事業開発以外の２番目の切り口も有望だ。それは汎用型人工知能が登場しない限りは人工知能にはできないことに強くなるという発想である。つまり当面の間、人間にしかできない能力において誰よりも強みをもつことを目指すという考え方だ。

そして、これから先の10年で人工知能がどうしても人間には勝てないのがコミュニケーション能力である。

他人から共感を得る。他人の心をゆさぶる。他人と心を通わせる。他人を動かす。こういった人間の心に働きかける仕事は、これからの10年間、人工知能に奪われることはない。そしてこれはどの職業や職種につくかという解決策ではなく、どのようなスキルを社会人としてのコンピタンス（強み）として磨くかという観点での解決策になる。

コミュニケーション力をコンピタンスにするということは言い換えると、若いうちは職場の中で「理解の速い部下」「先回りして行動できる部下」という評判を勝ち取ることであり、キャリアが進むうちに「若手社員のインフルエンサー」「リーダーシップのある上司」「多くの人間を組織化してまとめることができる貴重な部門長」というようにその立場を段階的に高めていくことになる。

そしてこのようなコンピタンスをもつ人材こそが、今、もっとも多くの企業においてのどから手が出るほど欲しい人材、言い換えると不足している幹部人材なのである。

そうなってきた最大の原因は、実は過去30年間起きてきた従業員の非正規労働者化にある。

昭和の大企業のように職場のすべてが終身雇用の正社員で構成されていれば、それほどリーダーシップのない年功序列の部長であっても組織を動かすことはできた。みんなその職場から離れることもできず、当面はその年上の上司の下で働くしか方法はなかったから、みなそれなりに勝手に気をまわしてくれて、力のない部長を盛り立てて働いてくれた。

今の職場は正社員と非正規労働者の混成部隊である。そして正社員も会社に深い忠誠心をもっているわけではない。そのような職場で30人からの従業員たちを動かすリーダー的立場の人間は、契約形態もモチベーションもさまざまな従業員ひとりひとりの状況を把握し、意欲のレバーを理解し、ひとりひとり別々の方法で動かしていくような高度なコミュニケーション能力がなければ、人を動かせない。つまり部門長として機能できないのだ。

幸いにして今の若い世代はＳＮＳを通じて、古い世代以上に周囲とのコミュニケーションを日常的に取らざるを得ない世代である。若者の潜在的なコミュニケーションスキルは、私のような昭和世代よりもはるかに高い。だからコミュニケーション力を磨きに磨けば、職場の中で必要不可欠な人材として頭角を現すことは、今の強みの延長線上で獲得できる未来なのかもしれないのだ。

就活の際の着眼点としては「コミュニケーション能力の高い人材がのし上がれる大組織」への就職を目指すことだろう。個人力ではなく組織力で業績を上げるタイプの企業への就職を狙うのだ。

そしてその組織の中で若いうちから誰よりも高いコミュニケーション力を発揮して、自分のキャリアをひとつずつ上に押し上げていく。このやり方ならばたとえ最初に入社した会社が倒産の憂き目にあうような経験をしたとしても、別の会社に移ってビジネスパーソンとしての成功の道を進んでいくことができるようになる。

「メカトロ人材」という第三の選択肢

でも事業開発のような高度な考えるスキルは、私は苦手だ。そしてコミュニケーションも不得意というか、どちらかと言えばコミュ障（コミュニケーション障害）に近い。そのような人材はどうすればいいのか。

申し訳ないが簡単に年収600万円以上が狙えるような解は、そのような方には存在しないかもしれない。しかしこれから先の厳しい未来を「新しい階層社会の中の下流層よりは上の階層に所属しながら生き抜いていく」という観点で考えれば、3番目の選択肢として、それでも人工知能の影響を受けにくい仕事を選ぶ方法は残っている。

これから先、急速に発展するであろう専門型人工知能は、いわゆるホワイトカラーの専門職の仕事を大量に奪っていくことが予想されている。近い将来、「知識量で勝負する」「専門性で勝つ」という従来のナレッジワーカー型高給取りへの道は閉ざされるだろう。

そのような未来においてもまだ人工知能の影響を受けにくい仕事がある。それは頭と身体を両方使う仕事だ。これが将来生き残るための仕事としての3番目の選択肢である。

実は人工知能がこれから先、急速に発展する一方で、ロボットはそれほど急速には人間に近づくことができないと言われている。二足歩行のロボットが登場し、製造業や物流業の現場でもさまざまな形でロボットが導入されるようになってきているが、ここから先のロボットの発展にはいくつかのボトルネックがある。

最大のボトルネックは「指」の再現が当面は不可能なことである。人間の指というのは極めてうまくできている器官で、あれだけ太くて大雑把なつくりの器官であるにもかかわらずかなりの精密な作業を行うことができる。その動きだけではなく指先は優れた感覚器官でもある。熱い、冷たい、重い、薄い、やわらかい、壊れやすいといった、触ったものの物理特性を瞬時に理解して、その物体に合った扱いができる。そのような優れた指と同等のロボットハンドは、これから先、20年間はおそらく誕生しない。たとえ誕生したとしても人間ほど安価に職場に導入することはできないという。

そうなると現場で指を使うことが必須条件の仕事は、結局のところ機械に置き換えることができないということになる。コンビニの店員のようにバックヤードから段ボールに入ったポテトチップスを店舗に持ち込んで棚に並べる仕事は人工知能搭載ロボットには真似できない。自動車を人工知能が自動運転できるようになったとしても宅配便の荷物を運んで顧客の自宅まで届ける宅配業者の仕事はロボットには代えられないということだ。

さて、ＩＴや人工知能の技術で日本はアメリカに大きく水をあけられてしまった。しかし日本があいかわらずアメリカよりも強い分野がある。それはメカトロニクスだ。ロボットや産業機械のようにコンピュータと機械が融合するような製品分野では日本は世界の最先端をいっている。それと同じ理屈で、頭と身体の両方を使う「メカトロ人材」として活躍できる仕事は、当面の間、人工知能にとって代わられることはない。

ただしこの考え方にはひとつ注意点がある。頭と身体の両方を使う現業の仕事はこれまでどちらかというとブルーカラーないしはフィールドワークの仕事に分類されてしまっていて、その多くがそもそもそれほど給料は高くない仕事になっている。それでもなくなってしまう仕事よりはましという考えもあるが、もし選択が可能であるならば生活が成り立つ給与水準の仕事を選ぶべきだと私は思う。

実は仕事というものは意外とその社会的意義や重要性ではなく、単に業界ごと業種ごとに給与水準が大きく違うという傾向がある。だから現業ないしはフィールドワークの仕事を選ぶ際に入り口で大きな格差が生まれることになる。

さわりだけを紹介しておこう。いわゆる現業の仕事の求人情報はハローワークにたくさん掲載されている。それを丹念にチェックしていくと、募集の給与水準が業界によってかなり違うことがわかるのだ。これはそれぞれの職業の悪口を言うのではなくあくまで実勢賃金の実例だということで、実際の職種名をここに挙げることをお許し願いたい。

頭を使い身体も動かす仕事の中にはそもそも実勢賃金が低い仕事がたくさんある。たとえば給食や弁当などの大量の食事の調理の仕事、介護に関わる仕事、清掃の仕事、倉庫の作業の仕事といったカテゴリーの仕事は社会的な意義もあり、仕事も大変な割には、求人票にある実勢賃金の水準は高くはない。

その一方で電気工事士、測量技術者、造園工、配管工といった仕事はブルーカラーの仕事ではあるが今現在でも年収400万円以上の所得が得られるし、その水準は10年後の未来においてはその頃のホワイトカラーの正社員よりもおそらく高水準の賃金になるだろう。理由は今現在の給与水準が現業の仕事の中で相対的に高いうえに、たとえ人工知能が発達したとしてもその仕事が置き換わったり消滅したりする可能性は低いからだ。

身体の頑丈さに自信のある方向けのいわゆる「きつい肉体労働」ということで言えば、建築現場の賃金水準はさらに高いうえに、おしなべてホワイトカラーの正社員よりも給与水準はいい。鉄筋工、型枠工、建築塗装工といった経験や知識がモノを言う仕事や施工管理といった仕事は頭も身体も動かすという条件にぴったりとはまっている。

建築需要については少子化が進む近未来においては需要が激減するという不安要素もある一方で、首都圏ではおひとりさま世帯がむしろ増加することで世帯数は２０３５年ぐらいまでは減ることはない。大規模修繕などメンテナンス需要も発生する。

その観点で総合的に見て、少なくともこれから先の10年、20年ということであれば建築の仕事はむしろ安泰な仕事と言えるのではないだろうか。

いずれにしても重要なことは空調がよく効いた快適なオフィスで1日中、コンピュータスクリーンに向かっていれば完結するような仕事はこれから先の10年で大幅に消滅していき、フィールドに出て頭と身体の両方を使う仕事は生き残るということだ。

時代がそうなってから現業の仕事に転職しても、なかなか身体もついていけないし、そもそも精神的にもきついだろう。そうではなく最初から頭も身体も両方とも使う仕事につくことで、将来起きるはずの仕事消滅時代への備えをしておくという考え方は、若い世代にとっては意外と重要な考え方ではないかと私は思っている。

40代以上の読者は今何をすればいいのか

最後に本書の40代以上の読者が何をすればいいのかを論じておこう。おそらくこの世代の読者については「仕事を変えなさい」とアドバイスをしても「バカ言うな！」と言い返されるのがオチだろう。しかしこれから起きるトレンドの見方を変えることで、別のものが見えてくる。

実はこれからの10年間、われわれに起きることは人的資本の価値の低下である。資本主義経済の枠組みの下では資本とは人、モノ、カネに分類できる。金を稼いでくれるのは人の労働力、工場の機械や不動産のようなモノ、そしてカネ、つまり金融資本の3つの資本である。モノはカネで買えることを考慮すれば資本主義経済をまわす原動力となる資本は人的資本と金融資本のふたつに集約して考えても同じことだ。

そのうちの人的資本の価値がこれから10年間で激減する。それが意味することは、これからの未来においては、さらに富の格差が広がるということだ。労働者が労働から得られる対価はますます少なくなる。そのことを経済学的には人的資本の価値が下がるという。

そうなると相対的にお金が稼げるのは金融資本ということになる。人的資本の価値の低下は、金持ちにさらにお金が集中する未来がやってくることを意味する。

確かに企業が人を減らす省力化を推進するのは、そのことによって生産性を上げて利益を拡大するためである。だから人的資本の価値が下がれば下がるほど、企業の利益は大きくなる。ということは一番儲かるのは株主、つまり金融資本の持ち主だ。

ということは40代の読者のように今さら転職や専門分野のスキルを磨くことで人的資本の価値を上げる努力の余地が少ない人にとっては、むしろまだ給料が高いうちに金融資本を蓄えることの方が重要ではないか。

運よく１９８０年代から90年代前半に正社員としての職を得て、今でも年収６００万円以上を確保している方であれば、思い切ってこれからの10年間、年収が４００万円に下がったと仮定して毎年２００万円の金を貯蓄してみてはどうだろう。そうすれば10年間で２０００万円の金融資本を確保することができる。

２０００万円の金融資本があればその資本を元手にカネを増やすことができる。たとえば大都市圏の駅近の１ＤＫのマンションはこれくらいの金融資本で手に入れることができる。そしてそれを賃貸にまわせば毎月12万円ほどの賃料を稼ぐことができる。これが人的資本が下がる世界で金融資本を確保することの意味である。

つまり40代が今始めるべきことは、戦略的な節約である。ただ漠然と生活水準を下げ節約するのではない。10年後に「今よりもプラスで2000万円の金融資本を確保する」といったゴールを決めたうえで計画的に節約し、その目標を達成することだ。

そしてわれわれが金融資本について心に留めておくべきことがもうひとつある。それは人的資本しかもっていない人が金持ちになれるチャンスは2030年以降は絶望的に小さくなるということだ。

金融業界の花形トレーダーや、医者、弁護士、会計士といったナレッジワーカーの仕事は今後、人工知能に大幅にとって代わられるようになる。世界が急速に平均化、最適化すれば、世の中の「儲かる仕事」の余地は急激になくなっていく。

儲かる仕事というものは社会の歪みに起因するものが多い。チャンスに誰も気づいていないうちがみなが稼ぎどきで、みながそこに殺到するようになるとその儲けのチャンスはもう終わる。人工知能がそういった歪みを発見しつぶしていく未来においては、市場のすき間でワリのいい仕事について儲けるというチャンスは激減していく。

仕事選択に起因するアメリカンドリームは2030年で終焉するのだ。

だからもしあなたが、将来、なんとかして金持ちになりたいと考えているのだとしたら今のうちに金融資本の確保に努めること。これからの10年間が金融資本を確保する最後のチャンスだと考えるべきなのだ。

さて、本書の結論をまとめよう。人工知能が引き起こす仕事の構造変革はこれまでのように大量の非正規労働者を生むトレンドから、近未来にはそれらの仕事を逆に消滅させていくトレンドへと変化する。

新しい時代に生き残るためには若い世代にとっては今から先の仕事の選択が重要だ。人工知能をビジネスへと適用する事業開発の仕事、人工知能ではできないコミュニケーション力やリーダーシップをコンピタンスとする仕事、そして頭と身体の両方を同時に使うフィールドワークの仕事、これらが、今を生きる若者たちが選択すべき仕事だ。

そして今、すでに40代を超えている人たちには、これからの10年で金融資本の増強を目指すべきだ。人的資本での勝負の余地を上げるのはもはや難しい。しかしまだ稼げているうちであれば金融資本を準備することはできるし、思い切ってやるべきだ。それを今やるかやらないかが将来の人生の岐路になるだろうというのが、本書の最後の結論なのである。

おわりに

「長期的にはわれわれはみんな死んでしまう」というのは偉大な経済学者であるジョン・メイナード・ケインズの言葉だ。

嵐の海で大海原をさまよう帆船の船長に「3日後には嵐もおさまる」とアドバイスしても何の意味もない。問題は今起きているのだ。

それと同じで20年、30年後の予測も大切ではあるが、経済学は主に現在から近未来の問題を解決できなければ役に立たないというのが、大恐慌を治癒する処方箋を描こうとしたケインズが言いたかったことである。

昨年の夏に講談社から『仕事消滅　AIの時代を生き抜くために、いま私たちにできること』という書籍を発刊した。2045年に到来するとされるシンギュラリティ（特異点）の日。人工知能の性能が世界中の人間の頭脳を足し合わせたよりも高度な水準になるその日を境に、人類の生活は後戻りできないまったく新しい次元へと移行すると言われている。その日に向けた長期の課題を提示したのが『仕事消滅』という書籍であった。

この本は大きな反響を呼んだ。人工知能の進化について言えば深層学習という新技術が世に出た2012年を境に、それまでの前提が大きく覆った。そのことに早い段階で警鐘を鳴らし、これから30年間で起きることを提示してくれたということで、感謝の言葉も多くいただいた。

一方でこの本には大きな不満を感じた読者も少なくなかった。「長期的にはわれわれの仕事はみんな消滅してしまうのは理解した。でもこれからの10年間をどう生きればいいのかさっぱりわからない」という意見である。

実にその通りだ。今日の最大の経営課題は人手不足だ。とにかく人が採れない。宅配の現場でも小売りの現場でも飲食の現場でも人が足りないことが経営の最大のボトルネックになっている。

「仕事消滅だなんてバカ言ってる場合じゃないよ。仕事があるのに人がいないから困ってるんだよ」というのが現実の嵐の中で経営の舵を取らざるを得ない経営者の気持ちであることは間違いない。

しかしこの状況は今後さらに混沌《こんとん》とすることになる。人が足りない一方で、仕事もなくなりはじめるからだ。

人工知能がこれまでのコンピュータにできない領域の仕事をつぎつぎと行える世の中が到来している。これからの5年を考えただけでも自動運転車の出現、フィンテックの発展による金融業界の激変、ロボティック・プロセス・オートメーション（RPA）による事務作業の無人化など、数百万人規模で仕事がなくなることが予想されている。

問題はこれらのイノベーションが当面の間、不十分な発明品になるということだ。刀傷でも切れ味のいい刀ですぱっとやられると治りは早い。それがなまくら刀で切られると傷口は痛いうえにいつまでたっても治らなかったりする。それと同じ、切れ味の悪いイノベーションがこれから先の5年後の未来で社会のさまざまな場所に広がっていく。

そして本書を振り返っていただくとわかるのだが、このような切れ味の悪いイノベーション、つまり不完全ながら人間の仕事をある程度ある範囲内で支援できるＩＴの発明品は、過去においても労働市場に大きな影響を与えてきたのだ。

デフレの問題、非正規労働者の拡大、働き方改革が問題になること、そういった現代社会の病巣は、不完全な人工知能の発展と表裏に起きている現在進行形の社会問題なのである。

富の不均衡が拡大し、新しいタイプの下流層の人口が増大している現代社会の荒波の中で自分がどう生き残ればいいのか。それこそが大衆が待ち望んでいる研究であり、経済学に携わる研究者が解明しなければならない責務である。

この本はその観点から、現代社会で起きている現象を人工知能の発展と紐付けて解明していくことで、できるだけ具体的に人工知能の今の問題を社会学・経済学の観点から説明していくことに主眼を置いた。

先端的な研究分野であるがゆえにどこまでこの先の未来を的確に予測することができたか、そしてそのことでどこまで読者の期待に応えられたかは数年後の批判を待つしかない。しかし問題は現在進行形で起きている。読者のみなさんの今の判断に本書が少しでも役立つのであれば、それは筆者にとっては幸せなことである。

本書の執筆にあたっては、この問題に関心のあるさまざまなみなさんといろいろな形で議論を重ねさせていただいた。ひとりひとりの名前をここに挙げることはできないが、研究会に招いていただいたり、講演会を開催していただいたり、そして人工知能に関する報道番組にも多く呼んでいただいた。これらの場で行った議論は本書のバックボーンに生かされている。

講談社書籍編集の唐沢暁久氏、現代ビジネスの平原悟氏には前著の発刊後もこの問題に高い関心をもっていただくとともに、さまざまな切り口で人工知能の未来についての深い議論をさせていただいた。あらためて感謝の言葉を申し上げたい。

そしてPHP研究所の『THE21』編集長の吉村健太郎氏、第二制作部編集長の中村康教氏には非常に長い期間をかけて、本書につながるテーマの議論にお付き合いいただいた。最終的に本書がこのような形で完成できたのは本問題に関わるおふたりの深い関心と情熱があったからこそだと、深く感謝している。

本書をお読みいただいた方にはご理解いただけたはずだが、人工知能が引き起こす労働環境の大変化は待ったなしの、つまり現在進行形の社会問題である。この変化の中、どう生き残り、どのように幸せな未来を構築していくべきなのか。さらなる議論がわれわれを待ち受けている。

2018年5月

鈴木貴博

PHP
Business Shinsho

鈴木 貴博(すずき・たかひろ)
経営戦略コンサルタント。東京大学工学部卒。ボストンコンサルティンググループ等を経て2003年に独立。過去20年にわたり大手人材企業のコンサルティングプロジェクトに従事。人工知能がもたらす「仕事消滅」の問題と関わるようになる。著書に『仕事消滅』(講談社+α新書)、『戦略思考トレーニング』シリーズ(日経文庫)他があり、後者は累計20万部超のベストセラー。経済評論家としてメディアなど多方面で活動している。

本書は『THE21』2018年1月号〜7月号連載の「『仕事消滅』前夜」を元に、大幅に加筆・修正の上、1冊にまとめたものです。

PHPビジネス新書 396

「AI失業」前夜——これから5年、職場で起きること

2018年7月2日 第1版第1刷発行

著　者　鈴木貴博
発行者　後藤淳一
発行所　株式会社PHP研究所
東京本部 〒135-8137 江東区豊洲5-6-52
第二制作部ビジネス課 ☎03-3520-9619(編集)
普及部 ☎03-3520-9630(販売)
京都本部 〒601-8411 京都市南区西九条北ノ内町11
PHP INTERFACE https://www.php.co.jp/
装　幀　齋藤 稔(株式会社ジーラム)
組　版　朝日メディアインターナショナル株式会社
印刷所　共同印刷株式会社
製本所　東京美術紙工協業組合

ISBN978-4-569-84080-2

「ＰＨＰビジネス新書」発刊にあたって

わからないことがあったら「インターネット」で何でも一発で調べられる時代。本という形でビジネスの知識を提供することに何の意味があるのか……その一つの答えとして「**血の通った実務書**」というコンセプトを提案させていただくのが本シリーズです。

経営知識やスキルといった、誰が語っても同じに思えるものでも、ビジネス界の第一線で活躍する人の語る言葉には、独特の迫力があります。そんな、「**現場を知る人が本音で語る**」知識を、ビジネスのあらゆる分野においてご提供していきたいと思っております。

本シリーズのシンボルマークは、理屈よりも実用性を重んじた古代ローマ人のイメージです。彼らが残した知識のように、本書の内容が永きにわたって皆様のビジネスのお役に立ち続けることを願っております。

二〇〇六年四月

ＰＨＰ研究所